体幹リセットダイエット

モデルが秘密にしたがる

2017ミス・インターナショナル世界大会公式トレーナー
佐久間健一

サンマーク出版

モデルが秘密にしたがるすごいダイエットとは

1年前に指導したモデルは、たった2週間で「体幹リセット」を終え、何をしても落ちなかった下腹と二の腕の脂肪を落とすことに成功。その結果、ミスコンテストでグランプリを獲得しハイブランドのモデルに起用されるなど、活躍の場を広げました。また、モデルとはまったく体つきが違う元バスケットボール選手の体重を10kg落とし、ファッションモデルに転身させたこともあります。

もちろんモデルやアスリートだけでなく、数多くの一般女性もダイエットに成功しました。68kgからきれいに22kg減量した方や産後2週間で体形を戻した方、なかには30代でOLからモデルに転身した方もいるほどです。しかもリバウンドはゼロ。

年間4000件以上、**延べ3万人を超える女性を、理想とする体へ最短で導いた実績**

が「どんな体でも必ず結果を出す」と評判になり、大手スポーツクラブ在籍時には全国200店舗以上に所属する全トレーナーのトップの顧客数と売上を達成。

この過程で私は、**すべての女性が何をすれば劇的に美しい体ができるか一瞬でわかる〝ボディスキャニング〟ができるようになりました。**

現在は、ミス・インターナショナル、ミス・ワールドといった**世界的なミスコンテストの日本代表やファッションモデル、芸能人のボディメイクを成功させています。**彼女たちのような全身のバランスが美しく整ったスラリとした体形は、あるエクササイズを1日たった5分続けるだけで、できるのです。

たった5分のエクササイズで憧れの体形が手に入る！

じつは、やせるためのエクササイズでいちばん重要なのは「量に頼らないこと」。3年前に指導した運動嫌いの女性は週2回、10分以内のエクササイズをしただけで、半年で20kgのダイエットに成功しました。よく驚かれますが、私にとっては自然な結果。長時間だったりつらかったりする運動はなかなか続かないですし、やり方を間違えると筋肉が減ってしまうからです。

ダイエットで本当に必要なのは「体のクセ」を正すこと。**クセを正すだけだから1回5分行えれば充分**です。これこ

5 EXERCISES

● 下半身がスリムになる

● ヒップがキュッと上がる

そが憧れの体形を手に入れる近道なのです。

体幹リセットダイエットは、モデル事務所と提携し大勢のモデルを指導するなかで、彼女たちのようにスリムで美しい体形を最短でつくるために必要なことだけを集め、いらないものをすべてそぎ落とすことで完成しました。

難しいことは何ひとつありません。

1分でできるエクササイズを、1回たった5分行うだけ。

これまで通りの生活でも脂肪をガンガン燃やす体に変わり、気になるところから細くなります。

続けるうちに、太い、ゴツいなどコンプレックスになりがちな部分がスッキリ解消。関節の動きもよくなり、余分な脂肪がどんどん落ちてスリムになるのです。

さあ、あなたも今日から始めてみませんか？

2週間もしないうちに、驚きの効果を実感することをお約束します。

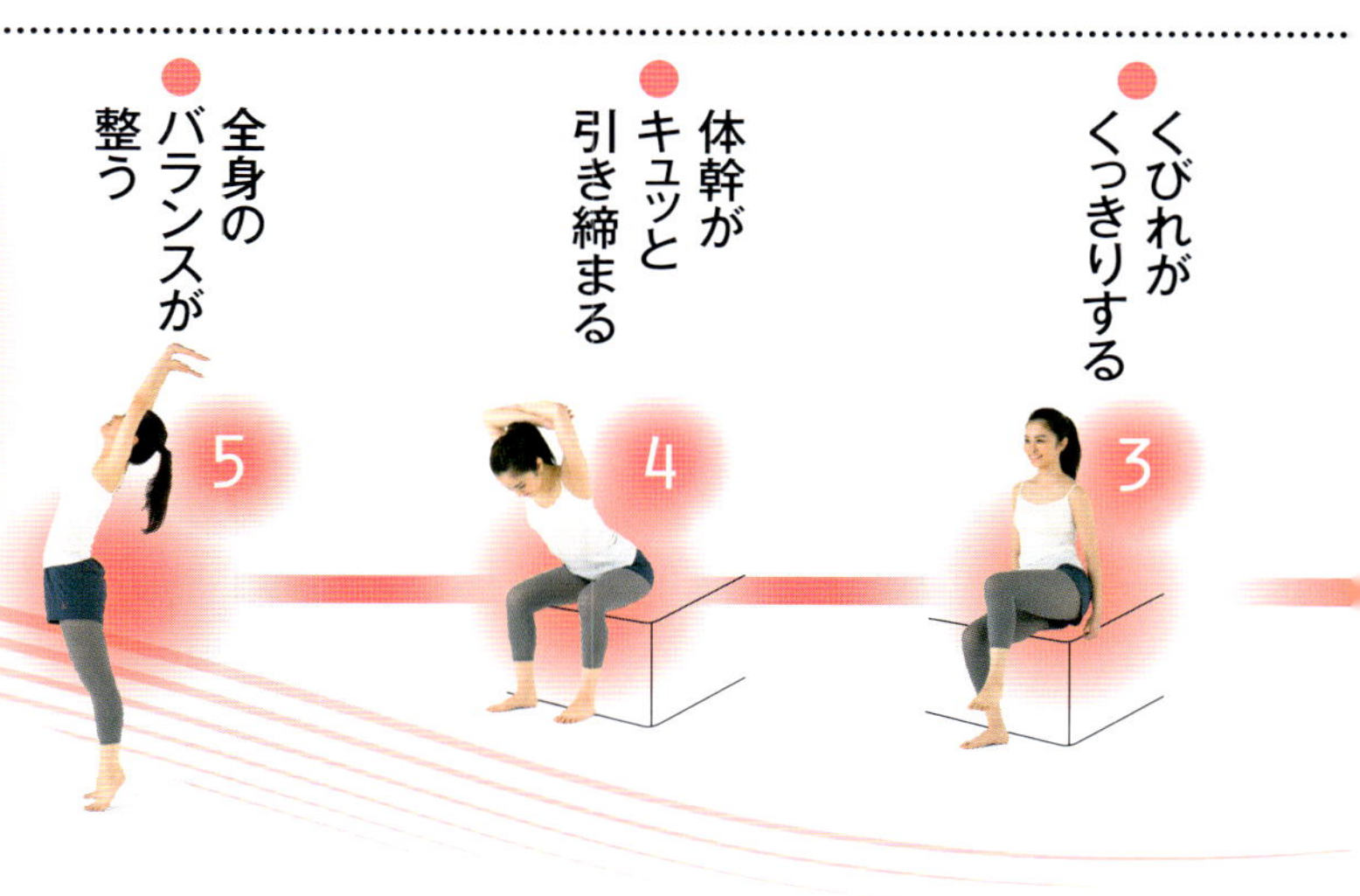
3
くびれがくっきりする
4
体幹がキュッと引き締まる
5
全身のバランスが整う

たった5分 しかも2週間で 体形が劇的に変化する！

変わりました！

Before

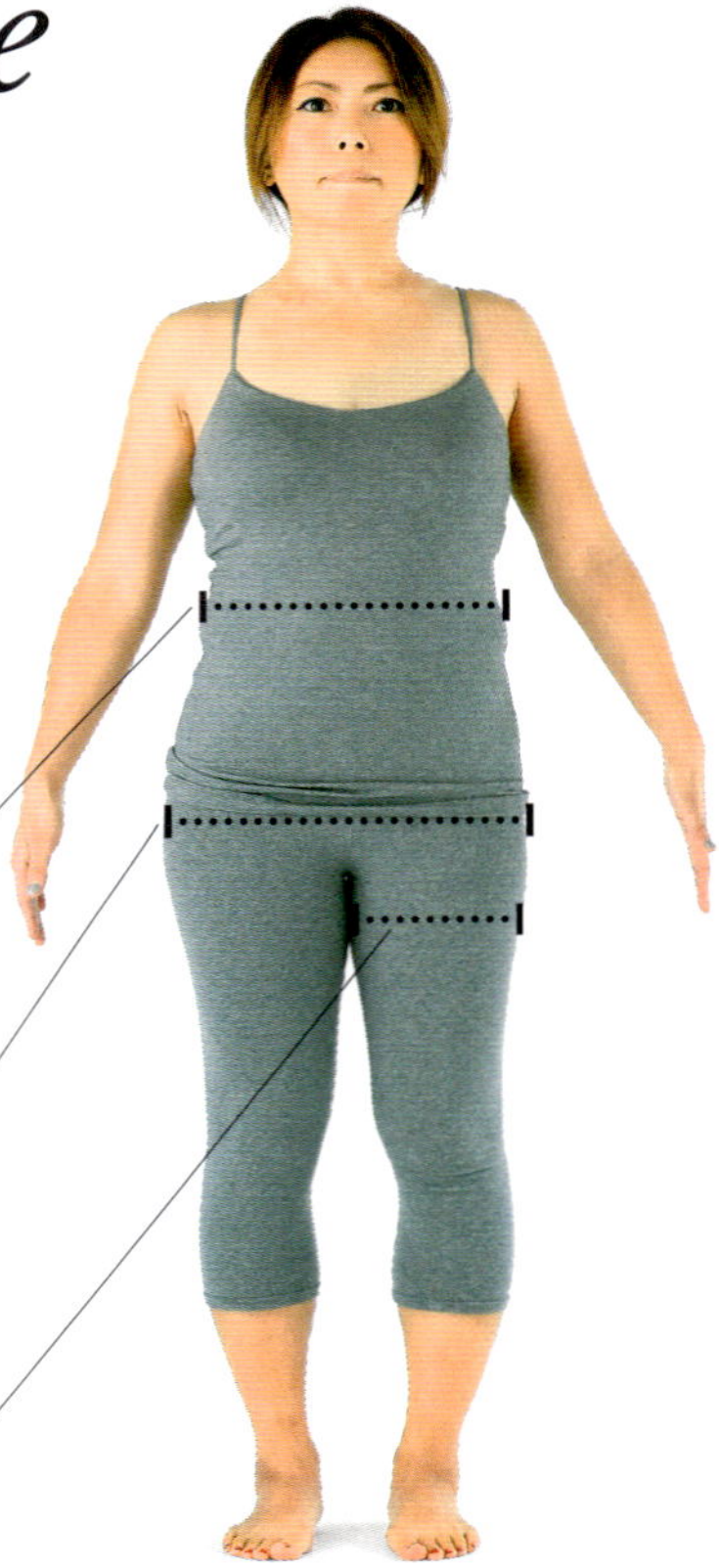

体重
53.5
kg

体脂肪率
27.4
%

ウエスト
79
cm

ヒップ
92
cm

太もも
49
cm

case 1
36歳
Eさん

Before

身長：152cm
体重：53.5kg
体脂肪率：27.4%

Before

ウエスト：79cm
ヒップ：92cm
太もも：49cm

食事

1週目後半のある一日

朝食：グラノーラ＋牛乳（100cc）、ヨーグルト（80g）、バナナ
昼食：芋焼酎水割り（10杯）、餃子（2個）、大根サラダ、チーズ、ウィンナー
夕食：抜き

1週目前半のある一日

朝食：バナナ（1本）、ヨーグルト（80g）、グラノーラ＋フルーツミックス（40g）、コーヒー（牛乳少）
昼食：玄米おにぎり（120g）、肉じゃが、みそ汁
間食：コーヒー（牛乳少）
夕食：野菜と豆腐の水炊き、卵白（1個）

ダイエットルール

❶エクササイズは多くても1日2セットまで
❷朝食を必ず食べる
❸食事は基本的に1日3回以上

5 EXERCISES CHANGE YOUR BODY

２週間で体形が

After

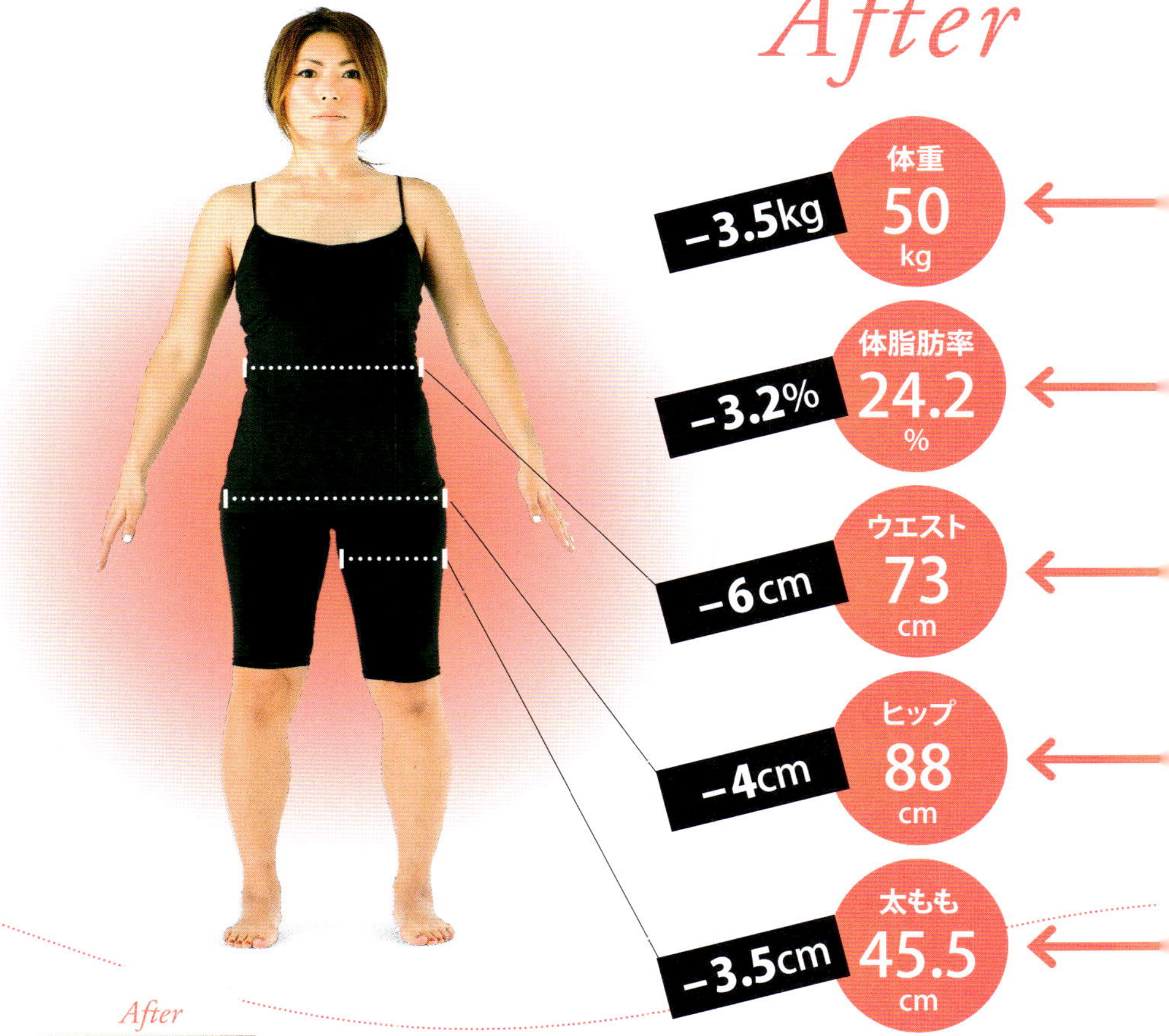

After

身長：152cm

体重：50kg

体脂肪率：24.2%

DATA

After

ウエスト：73cm

ヒップ：88cm

太もも：45.5cm

２週目後半のある一日

朝食：グラノーラ、豆乳、りんご

昼食：温野菜、豆腐ハンバーグ、鶏むね肉

間食：おからクッキー

夕食：キムチ鍋

２週目前半のある一日

朝食：ヨーグルト、豆乳、バナナ、グラノーラ、おからサラダ

昼食：トマト鍋（前日の残り）、玄米、おからサラダ

夕食：トマト野菜スープ、おからサラダ、肉野菜蒸し焼き

変わりました!

Before

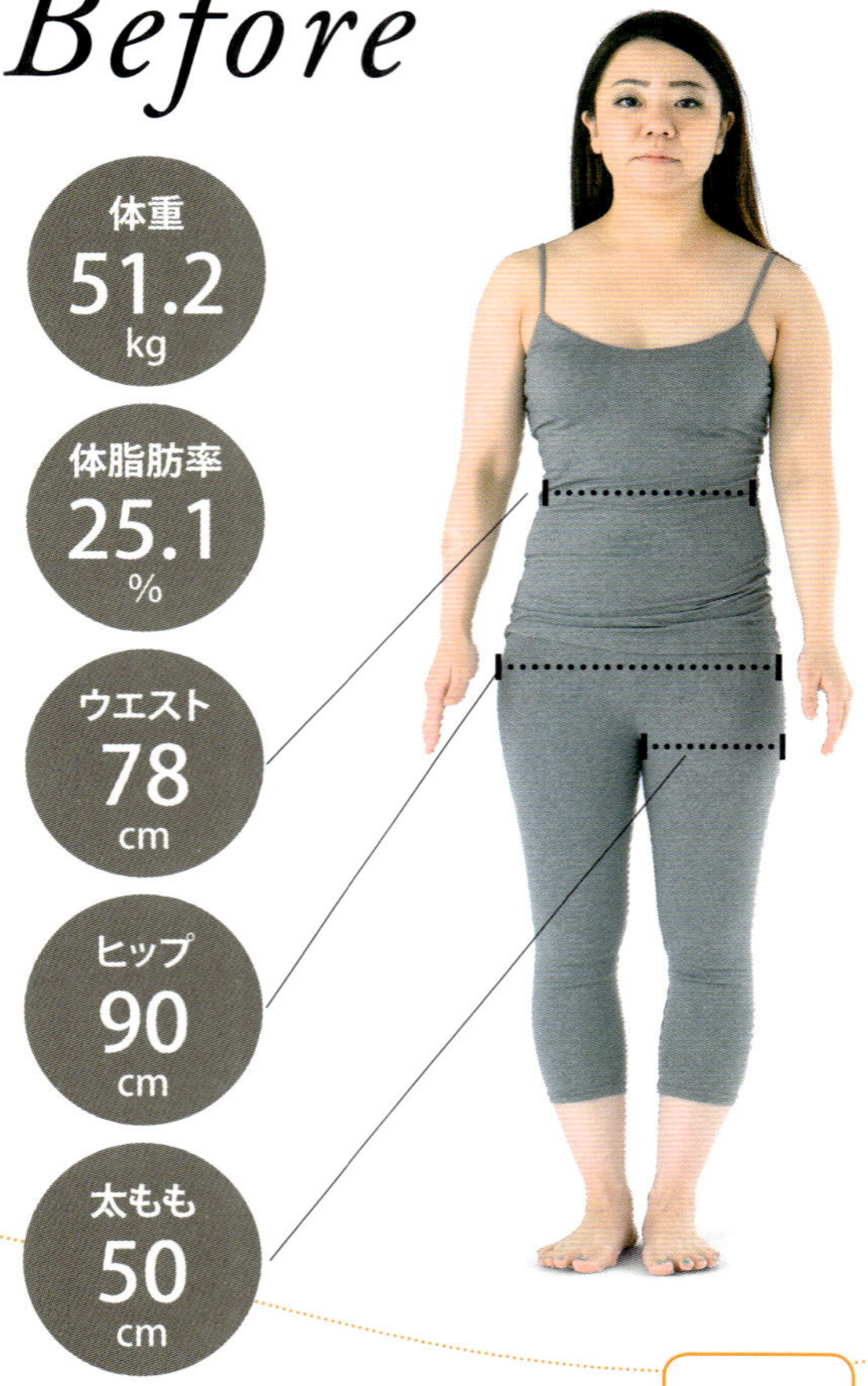

case 2
36歳
Mさん

Before

身長：152cm

体重：51.2kg

体脂肪率：25.1%

Before

ウエスト：78cm

ヒップ：90cm

太もも：50cm

食事

1週目後半のある一日

朝食： ヨーグルト、グラノーラ、パッションフルーツ

昼食： サラダ（山芋・ブロッコリー・キャベツ・かぼちゃ）、豚ひれ

夕食： キャベツ、山芋、納豆

1週目前半のある一日

朝食： きんかん、パッションフルーツ

昼食： サラダ（キャベツ・山芋・パプリカ・ほうれんそう）、サバ缶（みそ煮）

夕食： サラダ（キャベツ・パプリカ・山芋）、鮭の切り身、豆腐

ダイエットルール

❶水分をたっぷりとる

❷アルコールはひかえめに

❸良質のたんぱく質をとる

❹エクササイズは多くても1日2セットまで

2週間で体形が

After

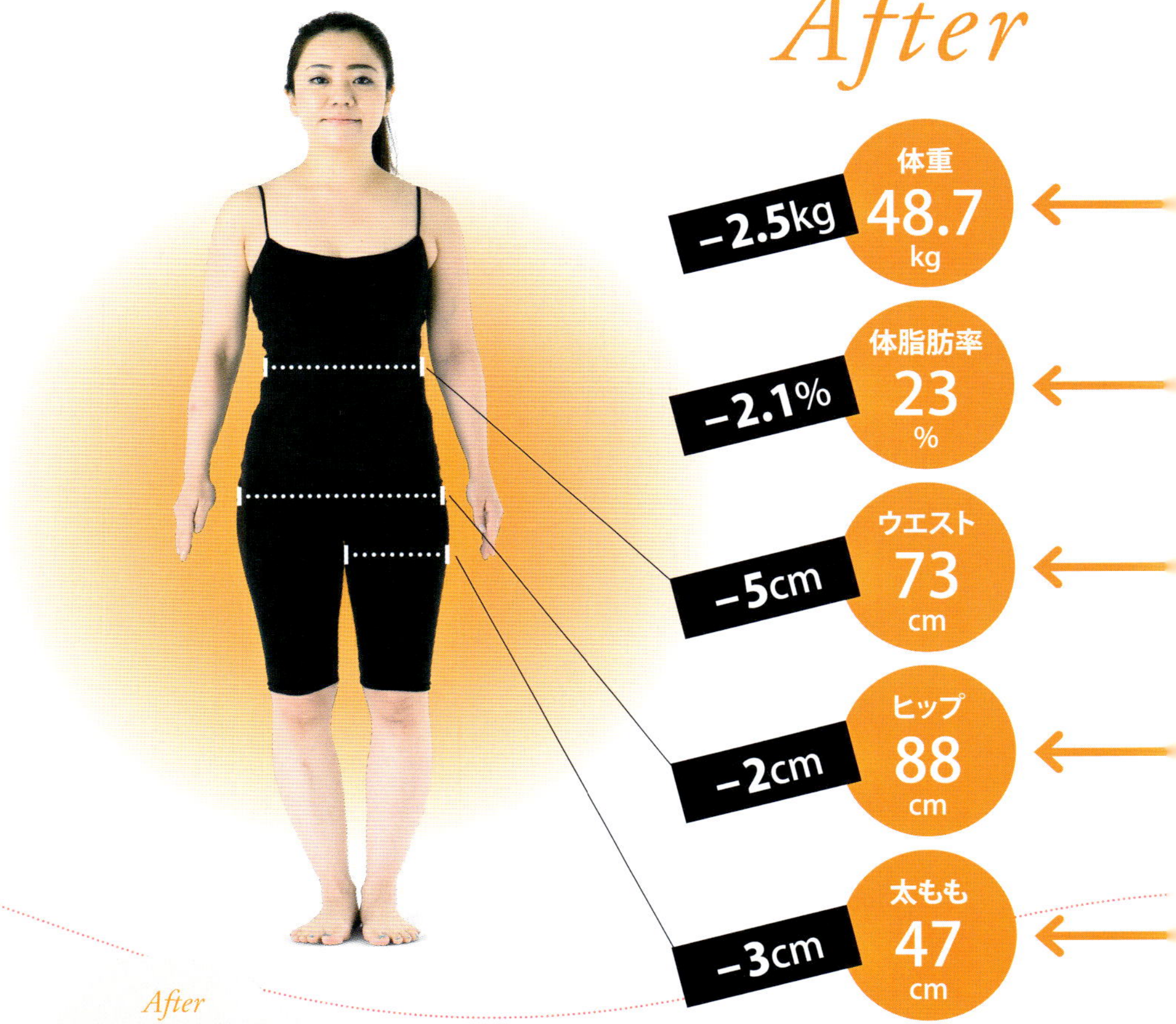

DATA

After

身長：152cm
体重：48.7kg
体脂肪率：23%

After

ウエスト：73cm
ヒップ：88cm
太もも：47cm

2週目後半のある一日

朝食：ヨーグルト、グラノーラ、柿(4分の1個)
昼食：茶碗蒸し、みそ汁、タコ、サーモン、きゅうり、シャンパン1杯、お茶
夕食：火鍋(キャベツ・きのこ類・豆腐・はくさい・もやし・ニラ・にんにく・ホタテ・オクラ・豚肉・鶏肉)

2週目前半のある一日

朝食：ヨーグルト、グラノーラ
昼食：サラダ(オクラ・ブロッコリー・パプリカ)
夕食：野菜スープ、サラダ(オクラ・キャベツ・ブロッコリー)

リ」と「腰痛姿勢」をリセットできたから!

case 1
36歳
Eさん

体験
コメント

全体的におばちゃん体形だったのが嫌で鏡は見ないようにしていましたが、たった2週間で体のラインにかなりメリハリがついた気が。友人や家族からも「だいぶスッキリした」とびっくりされました! ウエストサイズの変化がいちばんうれしかったです。「体幹リセット」終了後、お正月に暴飲暴食をしても体重をすぐ戻せましたし、もう3か月もリバウンドせずに過ごせています。

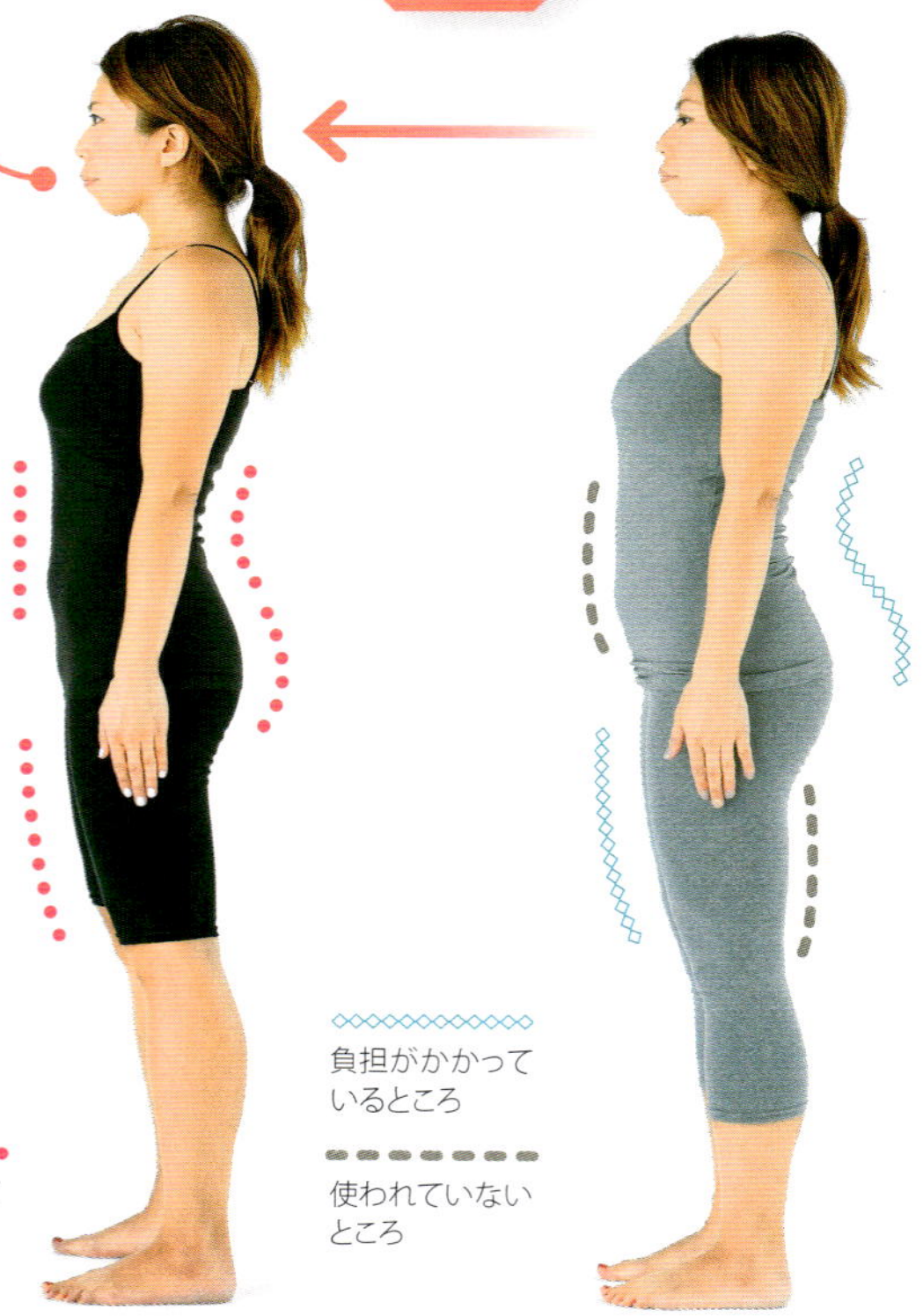

Eさんがこんなにやせた理由

腰のカーブがキツすぎてアンバランスになった筋肉と脂肪のつき方がリセットされた

もともと骨盤前傾がとても強く、太もも、腰、ヒップにばかり負担が集中。特にお腹まわりの筋肉がほぼ使われていないハト胸体形だった。夕食が深夜になりがちなので代謝が悪く、便通も悪い。「体幹リセット」によって腰に集中する負担が軽減され、張りすぎた胸と出すぎたヒップが引っ込む。腰痛につながる腰の強い反りを解消できたので、バランスよくたくさんの筋肉が使われるようになり、一気にやせ体質に。

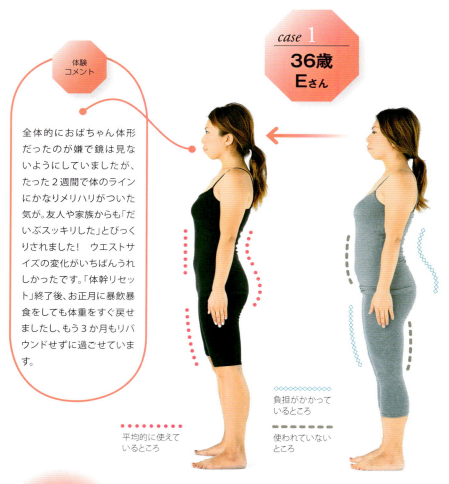

ウエストほっそりの理由は「太ももガッチ

case 2
36歳
Mさん

体験コメント

顔のお肉が、かなりスッキリ！　外食や飲み会も多い時期だったので心配でしたが、しっかり体重が落ちていました。ダイエット中、まわりから「やせた？」と聞かれることもしばしば。この年齢でこんなに落とせるなら……と、いちばんやせていた高校時代を目指し、さらにダイエット継続中で目標は42kg！　水分や野菜を意識してとるようになったので、肌もきれいになってきました。

Mさんがこんなにやせた理由

張りすぎている太ももが一気にサイズダウンし
体幹がよく使われるようになったことで脂肪が減った

太ももの前側、腰、ヒップに負担が集中し、太ももの裏、お腹が使われていないため下半身太りに。１日２食で、体脂肪をため込みやすかった。「体幹リセット」で骨盤の前傾だけでなく太ももや腰の負担まで軽減したことで、お腹、内ももまわりの筋肉が働きやすくなった。使われる筋肉が増えて基礎代謝が向上し、体脂肪がつきやすい太ももの外側が細くなって、ポッコリお腹も解消。

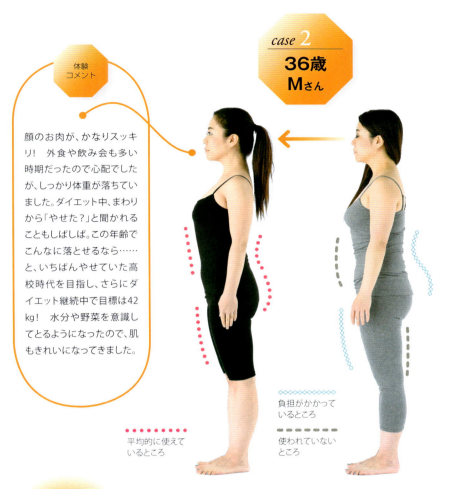

下腹と二の腕がスッキリ！

お腹や二の腕、お尻のたるみが気になっていたので体幹リセットダイエットに挑戦しました。短期間でこれだけ結果が出たのは初めてで、びっくりしています。これまで二の腕はなかなかサイズダウンしなかったので特にうれしかったですし、肩こりからくる頭痛もなくなりました。

外食が多いため「効果が出るのか」「こんな簡単な運動でいいのか」と心配になることもありましたが、信じて続けて本当によかったです。

いまは好きに食べながらも、リバウンドせずに過ごせています。まわりには「やせたね」と言われ、できればもう少しサイズダウンしたいと欲が出てきました（笑）。

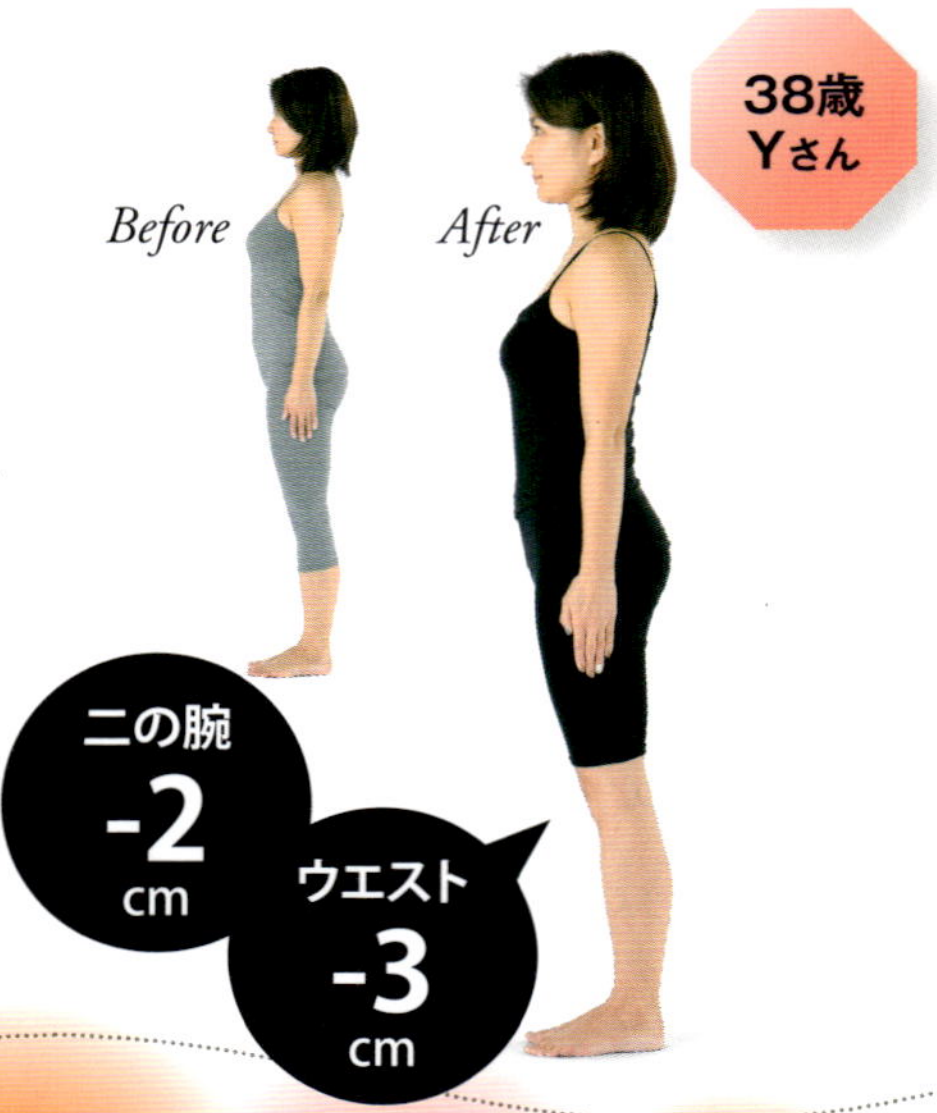

ダイエットに成功

脚もヒップもボリュームダウン！

全体的に少しずつサイズダウンしたいと以前からずっと思っていました。取り組んだのがちょうど忘年会シーズンだったので誘惑も多く、ダイエットが大変な時期でしたが、生活に取り入れやすいエクササイズを２週間継続したら本当にやせられました。

昔から筋肉質気味で「自分はやせにくい」「ダイエットしても体形を変えられない」と信じていたのですが、そんな私でも成功したのでとてもびっくりしています。２週間たった時点でダイエットはストップしましたが、なんとその後も現状維持できています！

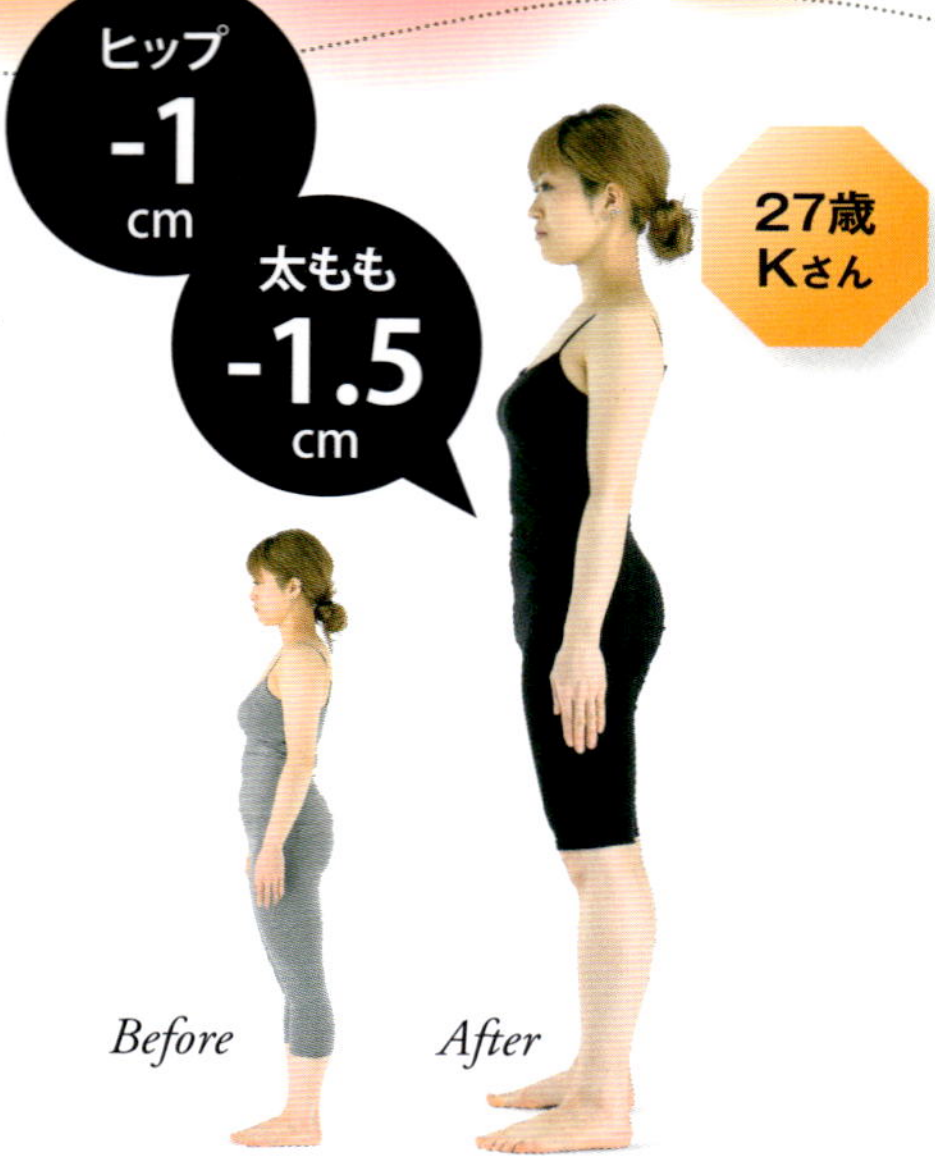

2017 ミス・インターナショナル日本代表

筒井菜月 様

頑固な脂肪がみるみる消えた！

佐久間先生との出会いはミス・インターナショナル日本大会前の正しい姿勢づくりセミナーでした。美のオリンピックと言われるミスコンでは、バランスよく筋肉がついている引き締まったボディラインが求められます。当時の私は骨盤が前に傾き、なかなか落ちない下腹の脂肪に悩まされていました。大会までの２か月間、教えて頂いたエクササイズを続けたら下腹の脂肪が減り、骨盤がまっすぐになった効果でウォーキングでも無理なく姿勢をキープできるように。現在はミス・インターナショナル世界大会に向けてエクササイズを続け、優勝を目指しています。

3万人以上が

1994 ミス・ワールド日本代表

ゆうようこ 様

40代でもハッキリと変化が！

20代からモデルの仕事を始め、現在40代です。仕事を続けながら３回出産し、そのたびに自己流トレーニングで体形を戻す努力をしていましたが、ここ数年は年齢を重ねたこともあり、目指す体をつくりにくくなったのを感じていました。佐久間さんから教わったエクササイズは汗を大量にかくほどの激しい動きではないので、育児やその他の仕事の合間に行えるのが私には合っていますし、２～３週間ほどで変化が目に見えてわかるからモチベーションが高まります。

CONTENTS

chapter 1

体幹リセットダイエットの秘密

生まれ変わり級のスリム体形になる

chapter 2

体幹リセットエクササイズ

1エクササイズたった1分で劇的な効果が！

chapter 3

モデルだけが知っている

一生太らないための食事のコツ

chapter 4

「こんなときどうする?」

お悩み解消エクササイズ

STAFF

装丁＊鈴木大輔＋江﨑輝海（ソウルデザイン）
本文デザイン＊花平和子（久米事務所）
イラスト＊もと潤子
編集・執筆協力＊土橋彩梨紗
DTP＊天龍社
校正＊鷗来堂
本文撮影＊金田邦男
モデル＊佐藤真瑚（NAMIE MODEL CLUB）
ヘアメイク＊竹内美紀代
編集＊小元慎吾（サンマーク出版）
＊蓮見美帆（サンマーク出版）

体幹リセットダイエットのやり方

5種目のエクササイズをすべて順番どおりに行うだけで
モデル体幹筋をしっかりと使えるようになり
きれいにやせられます

POINT

ここを意識するとうまくいく
というコツを紹介

standby

エクササイズを始める前の
準備姿勢

EASY

メインのエクササイズを試
してみてつらかった人は、
無理は禁物。こちらから始
めて動きに慣れよう

NG

エクササイズの効果が正
しく得られなかったり体を
痛めたりしないためのポ
イント

6秒キープ

10回

エクササイズの回数や時
間を紹介

※慢性的な痛みを抱えている方、けがをされている方、妊娠中の方は医師と相談のうえ、無理のない範囲で行ってください。どの運動も呼吸を止めて行うと血圧が上がるなどする場合があります。エクササイズ中の呼吸は自然に行いましょう
※効果には個人差があります

生まれ変わり級のスリム体形になる

chapter

1

体幹リセットダイエットの秘密

なぜ気になる部分ほど太いままなの？

「この下腹は、ちょっと……」「ゴツい脚をどうにかしたい！」などと思い立ってダイエットを始める人は多いもの。でも「がんばって体重を落としても気になる部分にかぎって変化しなかった……」という話を本当によく耳にします。

じつは「〇〇が太い」といった悩みのほとんどは、体幹の力不足が原因。体幹が弱いと骨盤は前や後ろに傾いてしまい、働きすぎの筋肉と働かない筋肉を生じさせます。これは偏った部分ばかり四六時中筋トレして、わざわざ太くしているようなもの。だからアンバランスな体形になるのです。

骨盤のポジションは、地面に垂直な正常タイプと、前に傾いた前傾タイプ、後ろに傾いた後傾タイプの３つに分けられます。もし傾いているとしたら、多少体重が落ちても気になる部分は太いまま。体幹をしっかり使えるようにならないかぎり、体形の悩みは永遠に解消されません。

体形の悩みが消えないワケは？

食後じゃないのに……

ぽっこり下腹

体幹の筋力不足を腰で補うとできるのが、頑固なぽっこり下腹。特に骨盤前傾の場合は腰が反って力が入るため、反対にお腹は力が抜けてダラッと前に出ます。この姿勢がクセになると、つねに下腹が出た体形になるのです。

動くたびに

揺れる二の腕

肩が前に出てひじが曲がると動作が小さくなり、脂肪はどんどん蓄積。でも体幹を使って肩を引き、指先まできれいに伸ばせれば二の腕は細くなりやすい状態に戻せます。

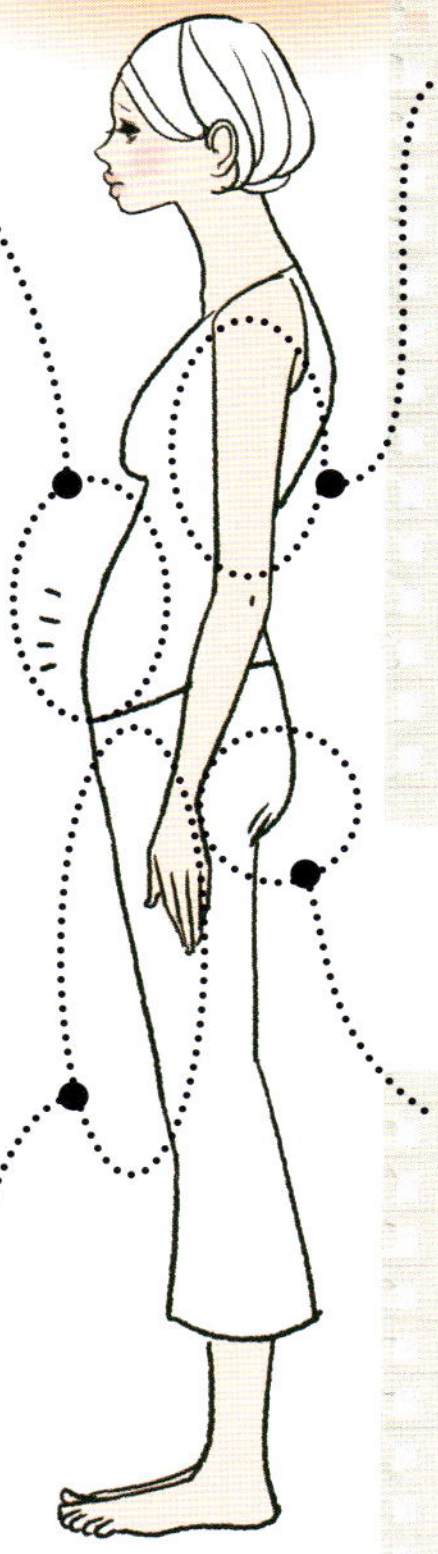

ボトムスが制限されまくり

ムキムキの脚

骨盤が前後に傾くと、脚に必要以上の力がかかってしまいます。これは、つねに筋トレしているのと同じですから、ムキムキになるのも当然です。

見た目年齢急上昇

どっしりヒップ

原因は２つあります。１つは腰とヒップの筋肉を使いすぎて大きく後ろに張り出すタイプ。もう１つはヒップの筋肉が使われず、だらしなく下がるタイプ。どちらも体幹の筋力不足が原因です。

FRONT

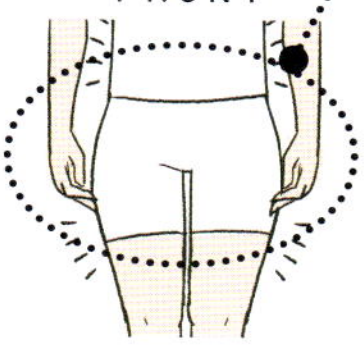

QUALITY
OF FAT

やせたい部分ばかり動かすと太くなる?

最初に、ぜひ知っておいてほしい体脂肪の絶対的なルールをお話しします。それは「体脂肪は全身で増減する」性質があるということです。ランニングや水泳、筋トレなど、どんな運動でも、食べたぶん以上のエネルギーさえ消費すれば体脂肪は全身から均等に落ちていきます。

つまり、筋トレなどで気になる部分の脂肪だけ減らす「部分やせ」は残念ながら不可能なのです。

太ももを細くしたい人が太ももの筋トレだけを熱心に続けても、待っているのは残念な結果だけ。過剰に動かすことで、太ももの筋肉は太くなっていくばかりです。脂肪をラクにガッツリ減らしたいなら、人間が生きるために勝手に行われるエネルギー消費、基礎代謝を高めることが何よりも重要なのです。

本書に紹介する体幹リセットエクササイズで体幹の筋肉がしっかり使えるようになれば、偏った筋肉の使われ方が解消されます。すると関節の動きもよくなり、全身の筋肉をバランスよく使えるように。

ハードな運動をしなくたって、いつのまにか基礎代謝がガンガン上がって脂肪はスルスルと落ち、体はみるみる引き締まっていくのです。

MAINTAIN
MUSCLE MASS

長時間の有酸素運動はムダどころか害に?

筋肉の約7割は、じつは水分です。だから大量に汗をかいたり水分をとる量が不足したりすると、筋肉は正常に働かなくなって減り始めます。さらに、ダイエット中にランニングなどの有酸素運動を週に90分以上すると、筋肉を分解して消費する量が一気に増すことに。どちらも**基礎代謝を上げ姿勢を維持してくれる筋肉を減らすおそれがあります**。

つまり、ただサウナで体を温めて汗を流したり有酸素運動をしすぎたりするのは、まったくもっておすすめできないダイエット法なのです。

体幹リセットエクササイズなら、たとえ毎日続けたとしても1日5分×7日で週に35分。オーバーワークで筋肉を落とす心配もありません。たった5分で終えられるので、運動嫌いの人でも続けやすいはず。

体幹を整えて日常生活で使う筋肉を増やせば、寝ているあいだの消費エネルギーまで上がるので、1日24時間を最大限に有効活用してやせられます。

間違ったダイエットは基礎代謝を落とす

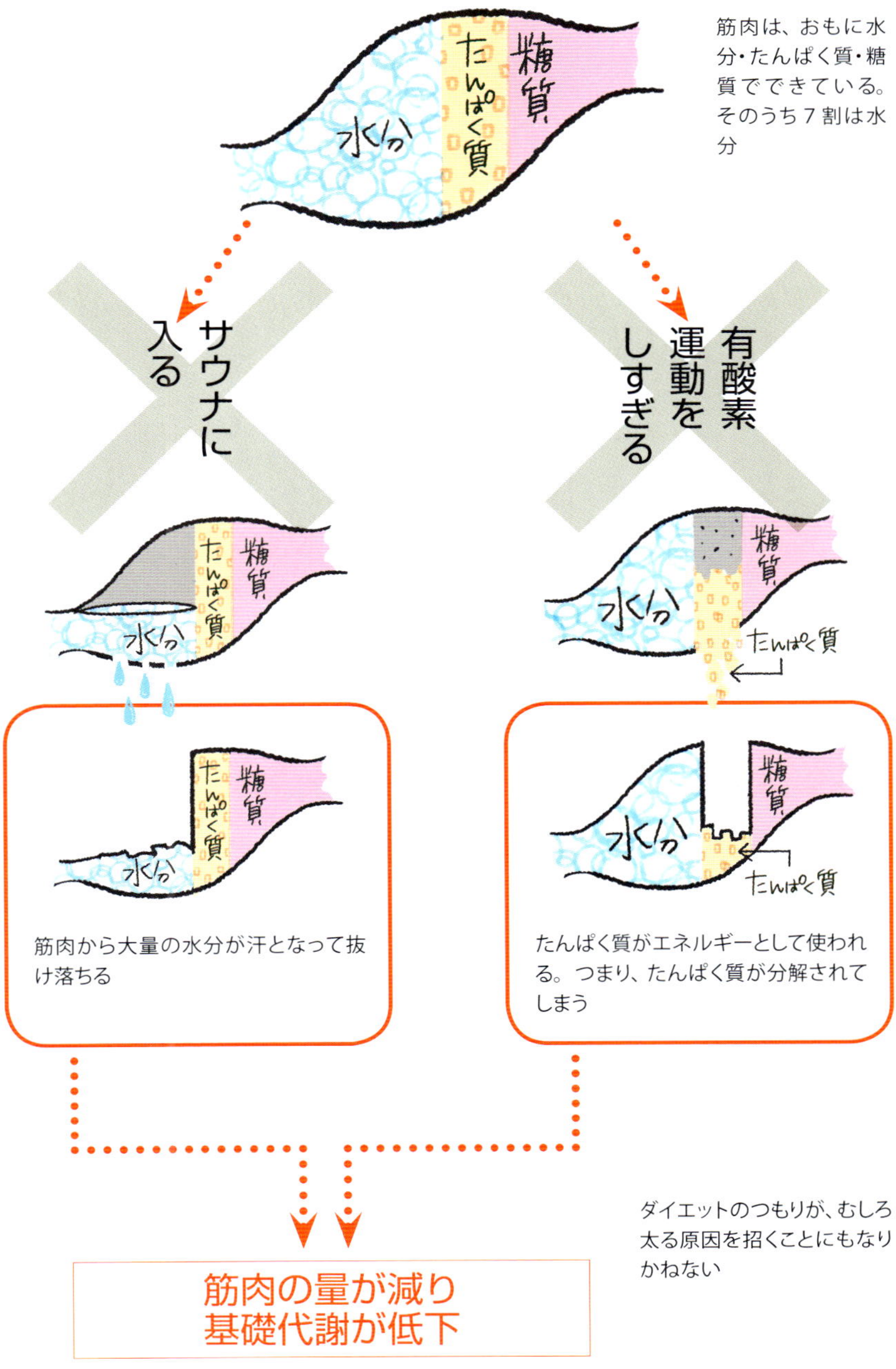

筋肉は、おもに水分・たんぱく質・糖質でできている。そのうち7割は水分

ダイエットのつもりが、むしろ太る原因を招くことにもなりかねない

体幹リセットダイエットの秘密
❶ゴツい筋肉が落ちるから細くなる

体幹リセットダイエットには、3つの秘密があります。その1つ目が「ゴツい筋肉が落ちて細くなる」。

さきほどもお話ししましたが、**多くの人は「やせたい部分を激しく動かすほど脂肪が落ちて細くなる」と勘違いしています。**たとえばウエストを細くしたいと思ったら、腹筋運動をしたりお腹をひねるエクササイズをやってみたりしますよね。これこそが、ダイエット失敗を呼び込む要因なのです。

ここで日本人女性の7割に当てはまる「骨盤前傾タイプ」を例に、使えている筋肉と使えていない筋肉を比べてみましょう。

骨盤前傾タイプは、おもに腰と太もも前面の筋肉が過剰に使われます。逆に、肩の後ろや胸の上部、お腹、背中、ヒップの上部、太ももの内側、太ももの裏側、すねの筋肉は、まったくと言っていいほど使われていません。

骨盤前傾タイプのまま熱心に運動をすると、使い慣れた腰や太ももの前の筋肉ばかり使うことになります。そうすると、すでに張り出しているヒップや太ももはさらにゴツくなり、下半身は大きくなるばかり。

このように、**普段過剰に使われることで外に張り出してしまった筋肉は、むしろ動かさず「落とす」必要があるのです。**

日常生活で使いすぎの筋肉ほど動かさず、逆に使えていない筋肉を使えば、外に張り出していた部分が消えてスラリとした体形になっていきます。

脚やヒップを細くしたい人が筋トレすると逆効果になりやすい

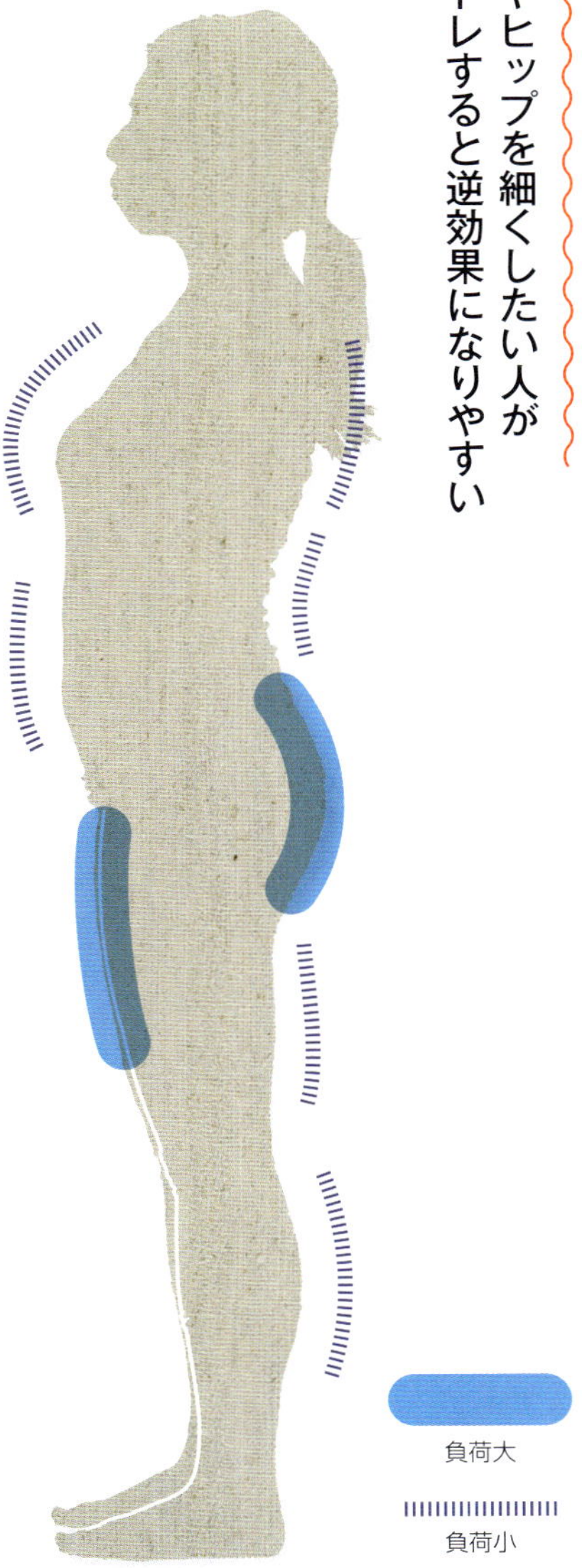

普段よく使う筋肉が２つしかないのに、使えていない筋肉は内側も合わせると８つある。これは使われるべき筋肉の約20%しか使えていないということ。その周辺の骨や腱にかかる負担も増すため腰痛などの不調を招く原因に。体幹をリセットしないかぎり、20%の筋肉ばかりいじめ続けることになりかねない

体幹リセットダイエットの秘密――❶ゴツい筋肉が落ちるから細くなる

姿勢が勝手にきれいになる

トップモデルたちが日常生活でつねに使っている体幹の筋肉について、さらにくわしくお話ししていきましょう。

体幹部分のさまざまな筋肉が使えていると、背すじが伸びたり骨盤をまっすぐ垂直に保てたり、体幹が引き締まったりします。このとき使われる筋肉は耳慣れないものも多いですし、種類もたくさんあってわかりにくいので、本書では「**モデル体幹筋**」と呼ぶことにしました。モデル体幹筋は、モデルのようなきれいな姿勢をキープするのに必要不可欠です。

ここで言う「きれいな姿勢」とは、首（耳）、肩、骨盤、ひざ、足首（くるぶし）の関節5点が地面に垂直に位置した状態。体幹リセットで5点のうち3点が一直線上に整うと、残りの2点も自然に揃いだします。働き始めたモデル体幹筋のうち「吸気筋《きゅうききん》」で首関節、肩甲骨下の筋肉で肩関節、ヒップと内ももの筋肉で骨盤からひざの角度が整うので、正しい姿勢や骨盤の角度になっていくのです。いままで使われなかったお腹や背中、肋骨下の筋肉を使うため、くびれのないずん胴ウエストやゴツゴツとした肋骨下が引き締まり、逆に使われすぎてムキムキになった太ももや腰、ふくらはぎは細くなっていきます。

5点のうち3点さえ揃えば体形は改善されていく

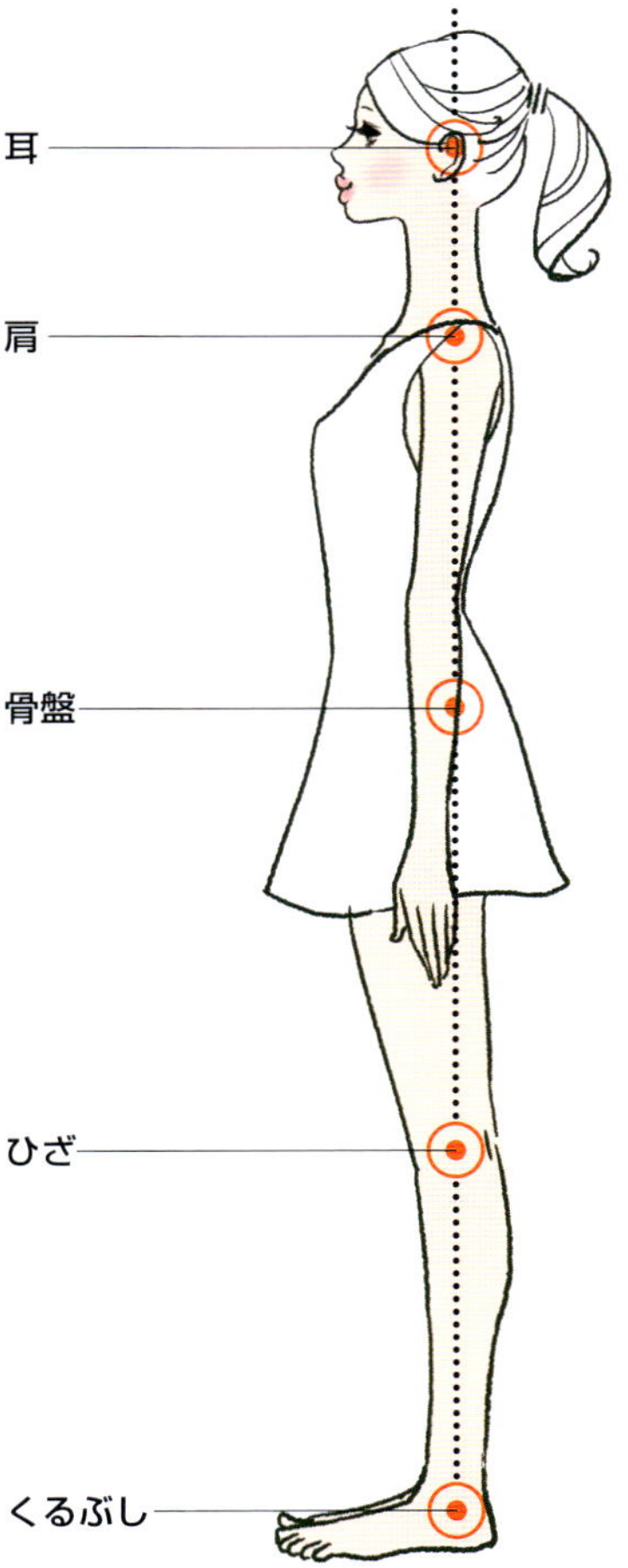

モデル体幹筋とは

1. **お腹と背中と肩甲骨まわりの筋肉（腹横筋《ふくおうきん》、僧帽筋《そうぼうきん》）**
   肩を引き体幹を引き締める
2. **「吸気筋《きゅうききん》」（胸鎖乳突筋《きょうさにゅうとつきん》、斜角筋《しゃかくきん》、外肋間筋《がいろっかんきん》、横隔膜《おうかくまく》）**
   背すじを伸ばす、首から肋骨まわりの筋肉
3. **ヒップから太ももの筋肉（大殿筋《だいでんきん》、中殿筋《ちゅうでんきん》、内転筋《ないてんきん》）**
   骨盤をまっすぐに保つ筋肉

1〜3の筋肉をまとめて「モデル体幹筋」と呼ぶ。モデル体幹筋が働くようになるとパーツ太りの悩みまで解消する

体幹リセットダイエットの秘密——❶ゴツい筋肉が落ちるから細くなる

骨格レベルの悩みにも効く

ではモデル体幹筋が使えないとどうなるのでしょう。まず骨盤の前傾・後傾を問わず背すじが丸まり、首が前に落ちて短く見えるように。両肩は内側に巻かれ、前に出ます。するとバストは下がり、お腹はポッコリ状態に。

下半身を見ると、骨盤前傾タイプの人は腰が反ってヒップは後ろに張り出し、ひざがひねられて内股になります。逆に骨盤後傾タイプの人はヒップが平たくなり、ひざが外に開いてガニ股になります。

すべては体幹の使われ方がアンバランスなのが原因。もともとの骨格や体形がよくても、ガッチリした体形に見えやすいのです。

モデル体幹筋を使うと、首は地面に対してまっすぐ垂直になり、両肩が後ろに引かれて肋骨は上がり、背すじはまっすぐに。バストはアップし、お腹も引き上がって引き締まります。正面から見たとき、ひじは内側に向くので、モデルのポージングのように細く見えるのです。骨盤もまっすぐ垂直になるので、横から見るとスラリとした印象に。ひざはわずかに内側を向くため、脚がよりきれいに見えます。

ゴツく見えるのは骨格のせいにされがちですが、体形の印象を決定的に左右するのは体幹の使われ方にあると言っていいでしょう。

同じ骨格でもこんなに変わる！

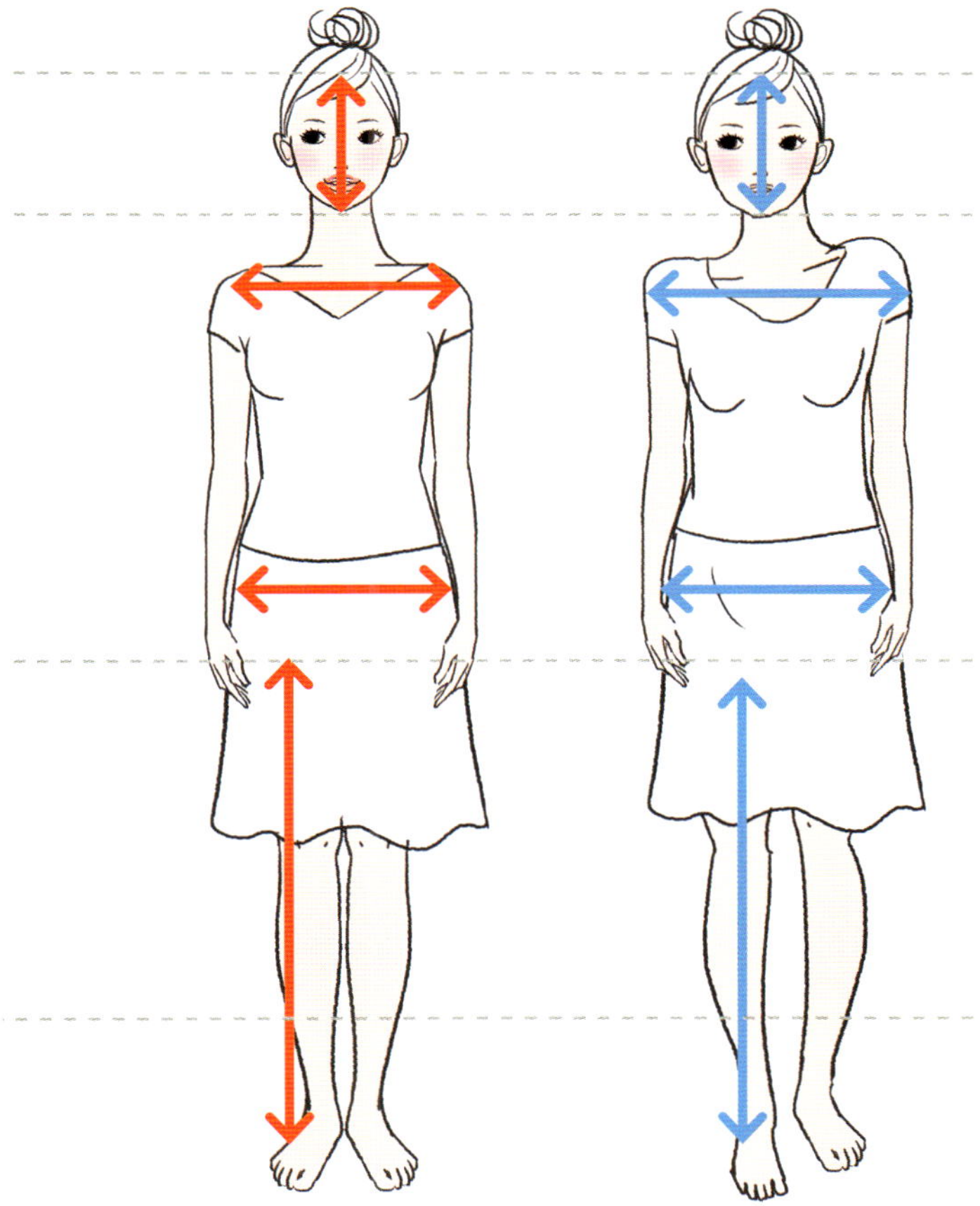

すべては体幹の使われ方が原因。アンバランスに体幹が使われると、もともとの骨格や体形がよくても、ガッチリした体形に見えやすい

THE SECRET OF
CORE RESET DIET

体幹リセットダイエットの秘密

❷ラクなのに消費エネルギーが跳ね上がる

体幹リセットダイエットの２つ目の秘密は「**ハードな運動をしなくても消費エネルギーが1日中ガンガン上がるようになる**」ことです。

モデル体幹筋が働くと、全身の筋肉がすべてバランスよく使われるようになります。なぜ、これが大事なのでしょうか。

じつは、人間がただ生きているだけで消費するエネルギー、基礎代謝を上げるいちばん効率のいい方法が、日常生活で使う筋肉の量を増やすことだからです。

基礎代謝は、１日のエネルギー消費の70％を占め、その約４割は筋肉で消費されます。全身には４００以上も

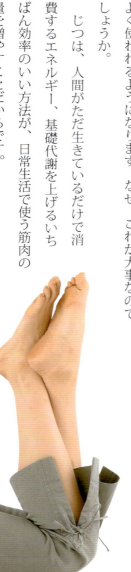

の筋肉があるため、お腹にある腹直筋《ふくちょくきん》など1つの筋肉をガンガン鍛えたとしても、しょせんは400分の1。それよりも**モデル体幹筋を使って正しい姿勢をつくり、日常生活で使われる筋肉の割合を大きく引き上げたほうが1日の消費エネルギーは跳ね上がります。**

20〜30代の平均的な生活を送る女性ががんばって運動したとしても、休日に2時間が精いっぱいでしょう。1週間は168時間なので、仮に2時間だけ限界までがんばったとしても、残りの166時間は何もできていないわけです。だったら呼吸や日常動作などで多くの筋肉を使えるようにしたほうが、基礎代謝が跳ね上がって消費エネルギーを一気に増やせます。

長時間つらい思いはせず、つねにエネルギーを少しずつよけいに消費できる体になったほうがラクだし効率的。だから体幹リセットダイエットは成功者が続出するのです。

体幹リセットダイエットの秘密──❷ラクなのに消費エネルギーが跳ね上がる

「脂肪太り」にも「筋肉太り」にも効果絶大

ダイエットを始めるタイミングは「プヨプヨのお腹を引き締めたい」「パンパンに張った太ももをなんとかしたい」など、いまの体に不満があるケースがほとんどです。でも体幹がアンバランスなままでは、がんばって体重を落としても体形は変わらず、いつリバウンドしてもおかしくない状態になります。

「骨盤前傾タイプ」ならお腹やヒップ、太もも、ふくらはぎ、「骨盤後傾タイプ」なら二の腕や太ももがプヨプヨしたり、ふくらはぎが張り出したままに。がんばったのに気になる部分はそのままで「全体的にほんの少し小さくなった」「やつれた印象になっただけ」なんて言われたら悲しいですよね。

体幹リセットダイエットで体幹のバランスを正すと、体がやわらかくなり、関節の動きの悪さが原因で落ちなかった脂肪までスルスル落ちます。

まず偏っていた筋肉の使い方が解消され、より多くの筋肉が使えるように。筋肉には「全か無かの法則」があります。筋肉は、使うと100％フルに活動し、使わないと0％と言っていいほどまったく活動しないもの。だから0％の部位をつねに使えるようにするだけで**基礎代謝はアップし、消費エネルギーがグンと上がります**。つらい運動を続けなくても、よけいな脂肪がゴッソリ落ちていくようになるのです。

「脂肪」にも「筋肉」にも効くから無敵！

消費エネルギーが上がって

脂肪が落ちる

×

よけいな筋肉が落ちて

体形が変わる

体幹リセットダイエットの秘密 3 使う筋肉を「替えるだけ」。だからリバウンドしない

体幹リセットダイエットでやせられる3つ目の秘密は「ダイエット最大の敵、リバウンドがない」ことです。

一般的なダイエットは、食事制限と運動を組み合わせます。食事制限には、体に必要な栄養素が足りずに筋肉量がどんどん低下するリスクがあるほか、食べる回数や量が減ると内臓の消化吸収活動も減ってしまいます。

すると基礎代謝がドーンと落ちて1日の消費エネルギーは一気に減り、たとえ同じ食事量や生活を続けていたとしても消費エネルギーが減ったぶん脂肪としてみるみる蓄積されてしまうのです。

一方、体幹リセットダイエットは、1回5分でモデル体幹筋を使える体に切

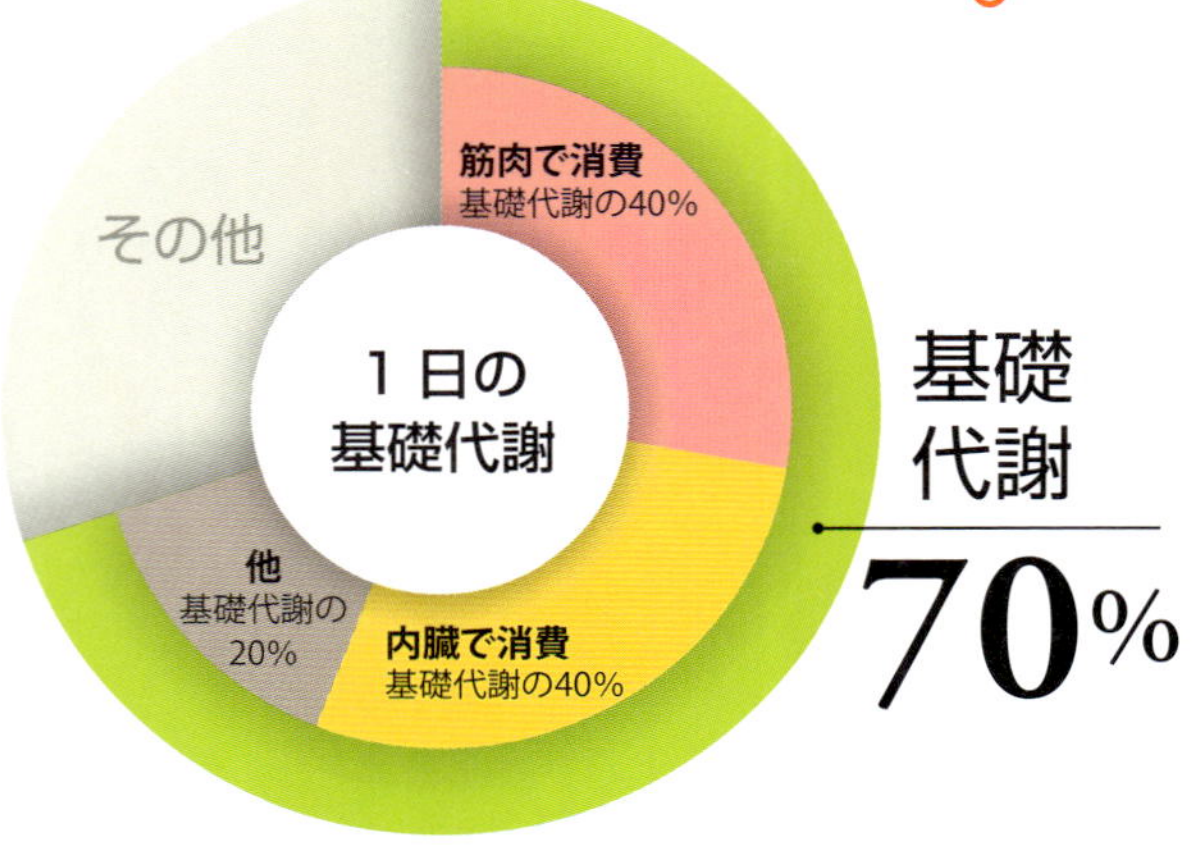

り替え、体幹の筋肉のアンバランスさをリセットしていきます。

すると、モデル体幹筋の効果で全身の筋肉がバランスよく使われるようになり、スッキリやせられるのです。**日常生活で知らず知らず使う筋肉が一気に増えるだけなので、いまより太ることはあり得ません。**

しかも2か月後には、体幹リセットダイエットを始める前の筋肉は代謝が進み、全体の6割が「体幹を使うクセ」がついた筋肉に。残り4割の筋肉にもクセが定着するので、**たとえエクササイズをやめても全身の筋肉を使う姿勢は維持できます。**だからリバウンドとは無縁なのです。

体幹リセットダイエットがリバウンドしないワケ

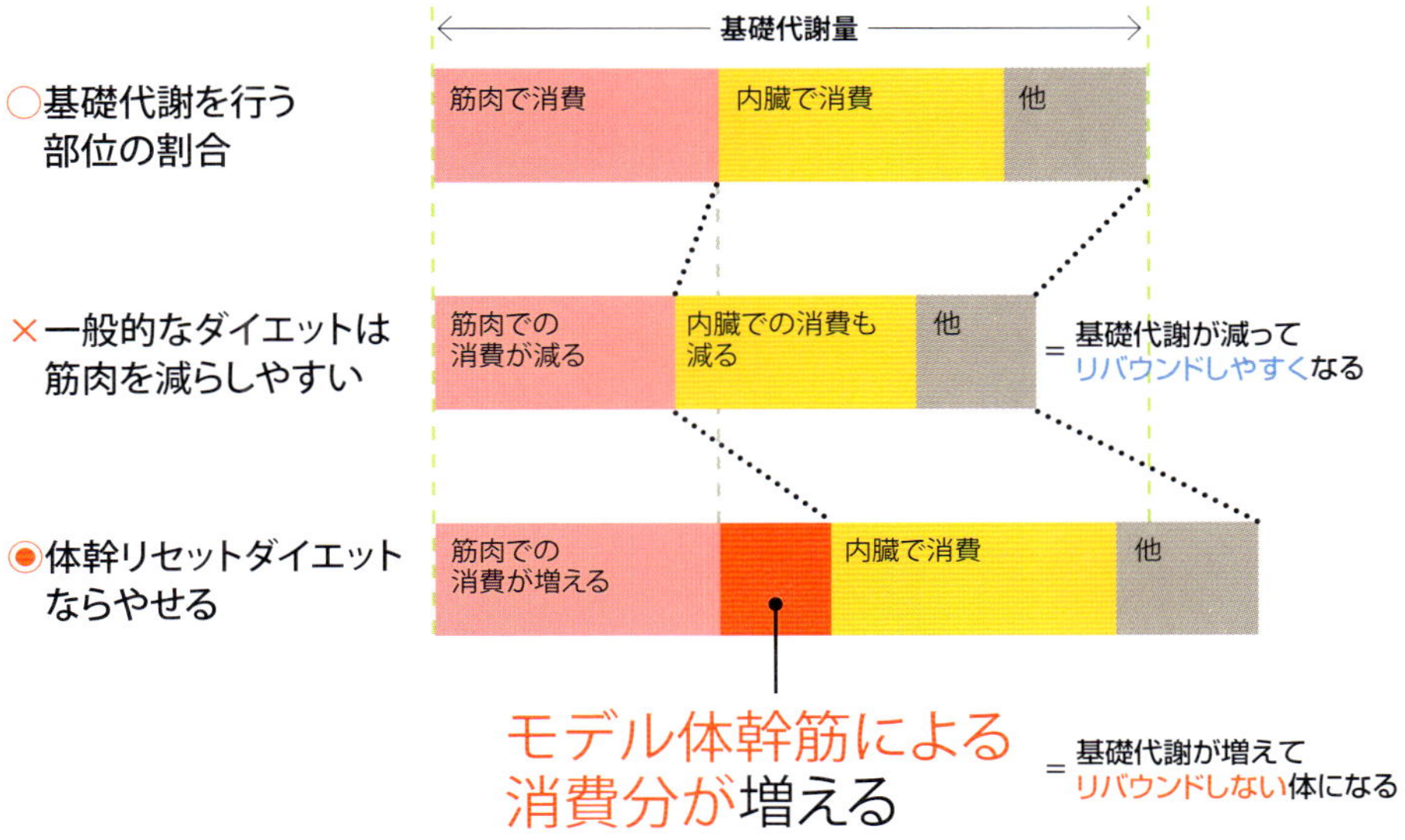

体幹リセットダイエットの秘密――❸使う筋肉を「替えるだけ」。だからリバウンドしない

使えていない筋肉が続々と目覚める

一流モデルと一般の人とでは、普段使っている筋肉がかなり違うことを示した実験があります。両者にランニングマシンの上を歩いてもらい、筋電図を比べたところ、モデルはつねに、脚の骨が地面に垂直になるように立っているため、太ももの内転筋《ないてんきん》やふくらはぎの前脛骨筋《ぜんけいこつきん》など脚の内側の筋肉のみを少し使い、外側の筋肉はまったく使っていませんでした。逆にお腹や背中、ヒップといった体幹の筋肉の活動が活発だったのです。

逆に一般人は体幹をうまく使えていないため、骨盤が前か後ろに傾いて姿勢は崩れ、体幹の筋肉は使えず脚の外側の筋肉ばかり使っていました。「骨盤前傾タイプ」は太もも上部とふくらはぎ上部、「骨盤後傾タイプ」は太もも下部とふくらはぎ下部の筋肉を酷使し続けるので、そこがパンパンに張り出してしまうのです。

「お腹をへこませて歩くだけで多くの筋肉が動員され、消費エネルギーが40%

上がった」という東京大学の研究結果がありますが、モデル体幹筋を使えるようになると、同様に消費エネルギーが上がることが考えられます。なぜならモデル体幹筋を使えているときは、この実験と同じように肋骨が上がった姿勢になるからです。体幹と脚の内側の筋肉を使って歩けるようになると、消費エネルギーは上がるため、ほっそりしたボディラインに勝手になっていきます。

多くの女性の体幹筋は眠ったまま

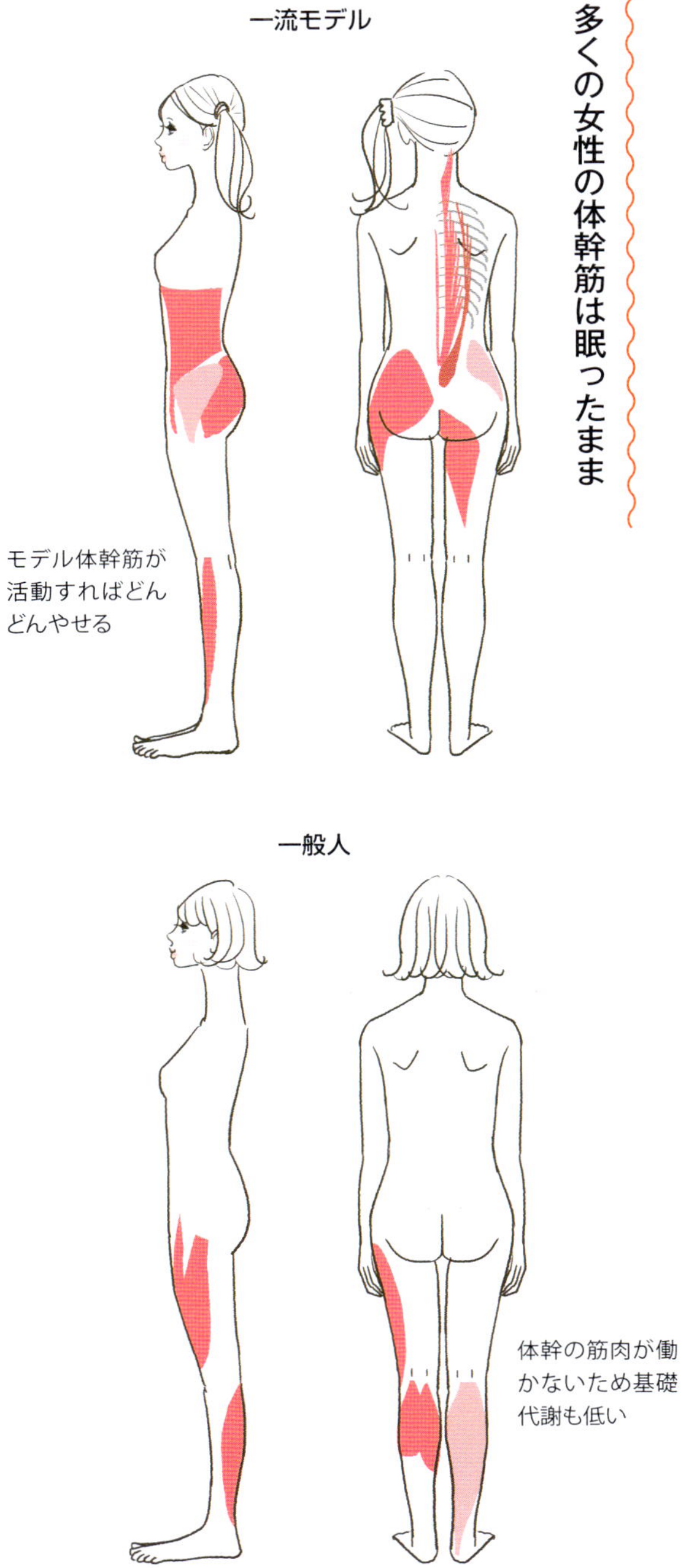
一流モデル
モデル体幹筋が活動すればどんどんやせる
一般人
体幹の筋肉が働かないため基礎代謝も低い

GREAT MERIT

ほかにもうれしいメリットが――①
顔も引き締まって小さくなる!

モデル体幹筋を使えていないと、首が前に倒れ、あごを突き出すため首が短く見えるようになります。すると顔は大きく、体は太く見えてしまうのです。

多くの女性は自撮りするときに、アングルを斜め上からにしてあごを引きます。これは、あごが出ると大顔に見えてしまうことを経験的に知っているから。逆のことをして小顔に見えるよう工夫しているのです。

モデル体幹筋を使えるようになると、首が地面に対して垂直になり、自然にあごを少し引いた姿勢に。顔は一気に小さく見えるようになります。

「なんだ、見え方だけ?」と思った方。

もちろん実際に細くなります。

モデル体幹筋を使えるようになると、むくみにくくなるのです。首が前に倒れて縮んだ状態だと胸鎖乳突筋《きょうさにゅうとつきん》が圧迫されるため、固くこわばってリンパ液の流れが滞り、顔や体がむくみやすくなってしまいます。モデル体幹筋を使った姿勢で首がまっすぐになると、胸鎖乳突筋が自然に伸びて**リンパ液の流れもスムーズに**。当然、顔や体はむくまなくなって、キュッと引き締まっていくのです。

リンパの詰まりが解消され
スッキリ小顔に

モデル体幹筋の1つに、首すじの胸鎖乳突筋がある。胸鎖乳突筋のすぐ下には鎖骨とリンパ節があり、全身を巡ったリンパ液は最後に左の鎖骨下のリンパ節に流れ込む

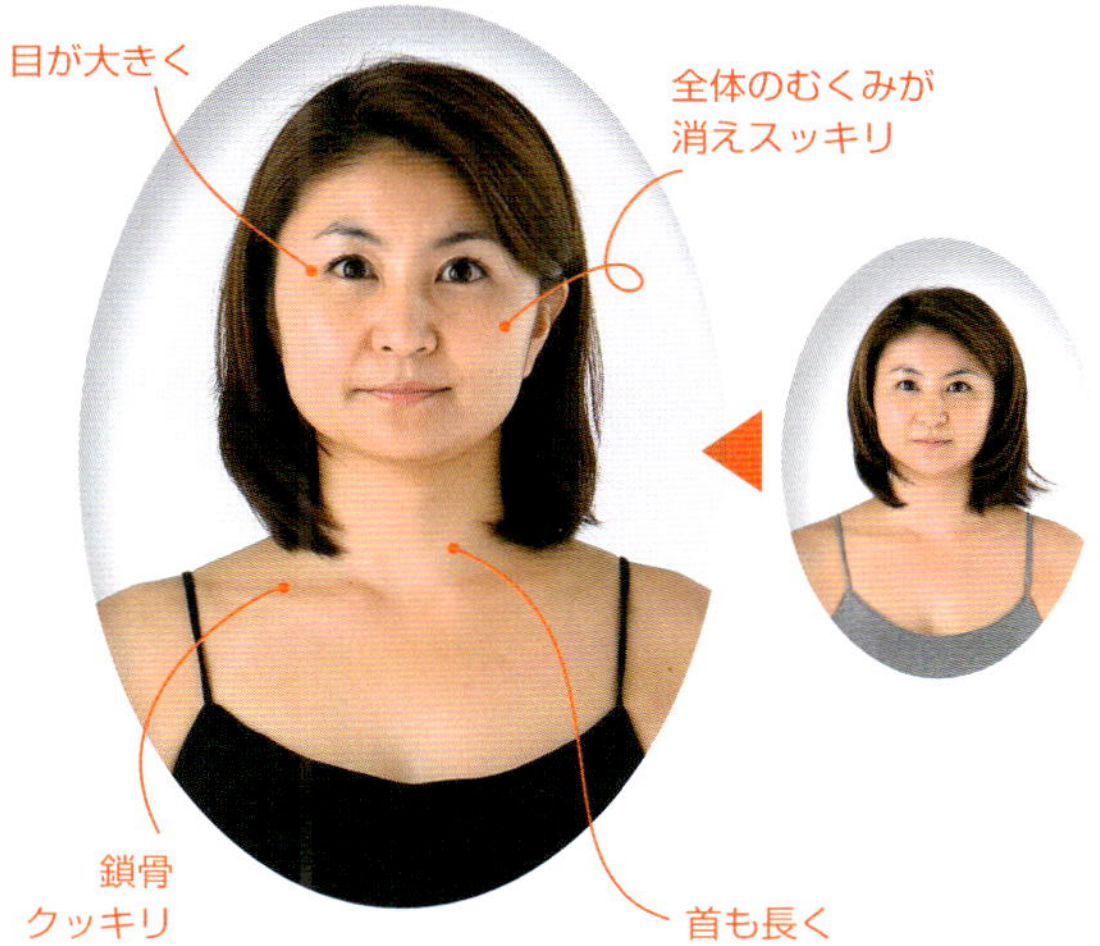

GREAT MERIT

ほかにもうれしいメリットが――②
肩や首のこり、頭痛、便秘、冷えも解消！

体幹リセットに成功すると、主要な関節5点のうち首関節と肩関節が自然に整うので、**悪い姿勢が原因で起こる首こりや肩こりを一気に解消できます**。当然、**ひどい首こりや肩こりから起きる頭痛だって消えるのです**。

多くの女性の永遠の悩み、便秘にも効果絶大です。

モデル体幹筋を使えないことで、背中が丸まったり骨盤が後ろに傾いていたりすると、内臓自体が下に落ち込みます。すると、内臓の本来の機能が発揮できなくなってしまうのです。なかでも顕著なのが、腸のもつ食べ物の消化吸収機能。

モデル体幹筋の力で体幹のバランスが改善されると内臓の働きが回復し、腸のぜんどう運動もスムーズになります。すると便の排出が早まるのです。

人間の体温の60％は筋肉からつくられているので、体幹がリセットされて使われる筋肉が増えると、体温も確実に上がります。すると**体は冷えにくくなる**

ため、**女性の不調の筆頭とも言える冷え性も緩和されるというわけです。**

このように体幹リセットダイエットは、単にやせられるだけでなく、こりや痛み、便秘、冷えなどの不調まで解決してくれます。

女性が抱えがちなあらゆる不調に効く

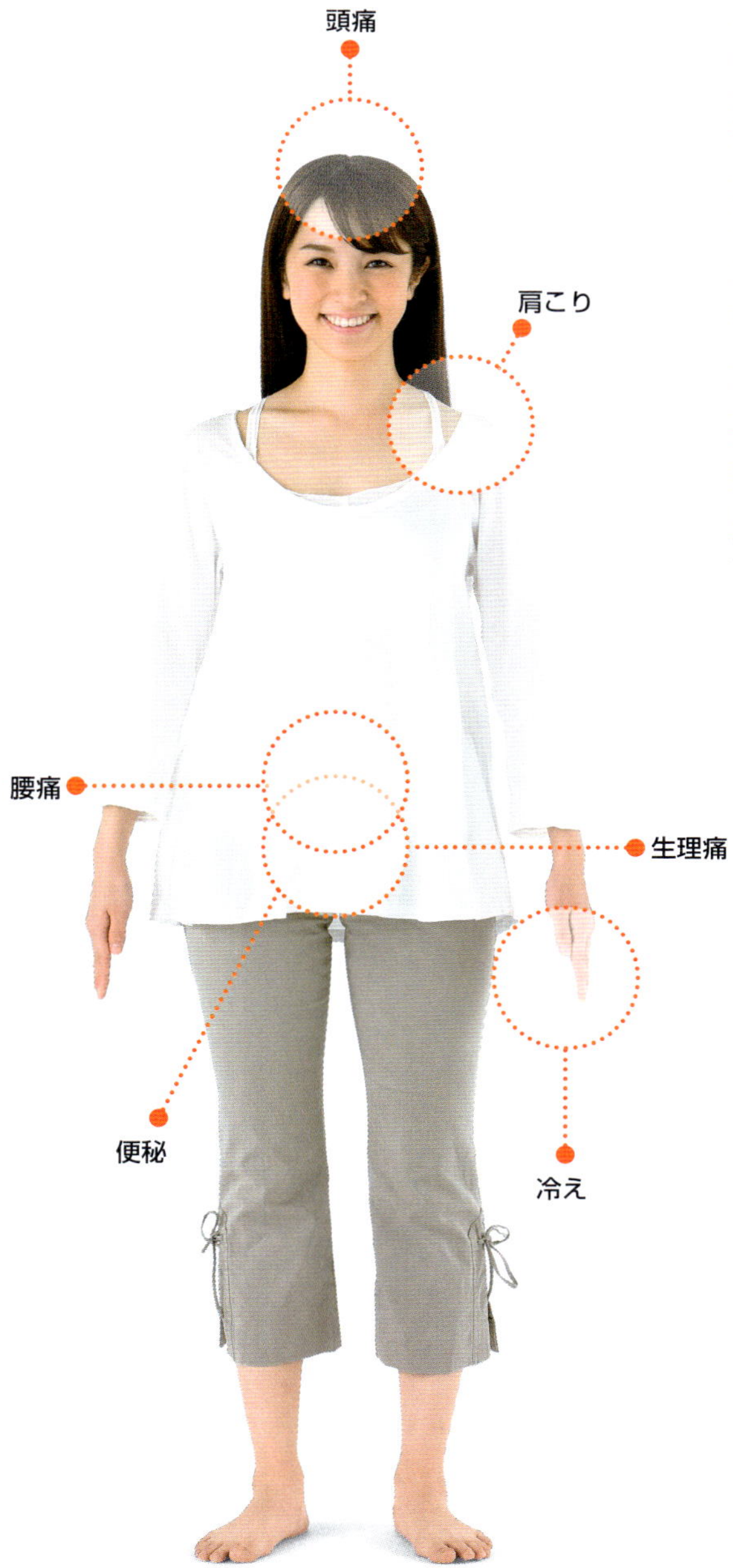

GREAT MERIT

ほかにもうれしいメリットが――③
オーバー40でも見事にやせられる

一般に、年齢とダイエット歴、そしてやせにくさは比例します。ダイエットとリバウンドをくり返すたびに筋肉量はみるみる減り、逆に体脂肪はどんどん増えていくもの。当然、基礎代謝は下がる一方で、ダイエット失敗の回数が多ければ多いほど、やせにくく太りやすい体になるのです。

加齢による筋肉量の低下も、やせにくくなる原因の1つです。人間は20歳を境に、筋肉がどんどん落ちていきます。**特にお腹や背中、脚のつけ根、太ももといった姿勢保持筋は、使わないと落ちるスピードがもっとも速い「羽状筋《うじょうきん》」という筋肉です**。

そもそも女性は、ホルモンの影響で筋肉がつきにくく脂肪は増えやすい傾向にあります。筋肉をつける男性ホルモン「テストステロン」は男性の20分の1しか分泌されませんし、女性ホルモン「プロゲステロン」の分泌が増えると、脂肪がつきやすくなるからです。

このように、ダイエットのしすぎや姿勢保持筋の衰え、ホルモンの影響による筋肉量低下の影響で骨盤が前後に傾くと、偏った部位の筋肉しか使えなくなるというわけです。

体幹リセットエクササイズで、姿勢と骨盤をまっすぐに整えると、姿勢保持筋を含めた全身の筋肉をたくさん使えるようになります。**加齢による筋肉量の低下にまでしっかり対抗できるから、20代から40代以上まで年代を問わず確実にやせられるのです**。

COLUMN
ダイエットの誤解…①

外から体を温めても代謝は上がらない

お風呂やサウナなどに長時間入って汗を流すと「なんとなくやせそう」「代謝が上がった気がする」と思う人は少なくありません。でも、じつはそれは大きな間違い。外部からの熱で汗が出るのは、体の危機管理能力によって、体の表面の温度を下げるためです。むしろ、サウナやホットヨガを週に90分以上行う人は、総じて代謝がよくありません。まず体から水分が抜けて脱水状態になるため水分が70%を占める筋肉の動きが悪くなって筋肉量も減ります。そうすると基礎代謝や消費エネルギーがどんどん低下していってしまうのです。

ウォーキングやランニングなどで適度に体を動かし、筋肉がつくり出した熱によって汗をかけば、エネルギーはきちんと消費されます。

逆にどんなに外から体を温めたとしても、エネルギーは一切消費されず、基礎代謝もまったく上がらないのです。

1エクササイズたった1分で劇的な効果が!

chapter 2

体幹リセットエクササイズ

HOW TO RESET

だれでも2週間で体幹リセットできる

「骨盤が前傾」「後傾」と言われても自分では見極めが難しいし、体のどの筋肉がやわらかいか硬いか、弱いか強いかもわかりにくいですよね。ですから本書では、どんな体にも効果テキメンなエクササイズをご紹介します。その秘密は「モデル体幹筋」にあり。

モデル体幹筋をしっかり使えるようになると、首、肩、骨盤、ひざ、足首の関節5点が地面に対して垂直な一直線上に整います。アンバランスな姿勢から、モデルの美しい姿勢に変わるのです。

このエクササイズは2週間続けるだけで姿勢や骨盤が勝手に整っていくので、いま骨盤が前後に傾いていても筋肉が硬くても弱くても問題ありません。1日5分だけやれば、使いすぎの筋肉は使わなくなり、使えていないモデル体幹筋は勝手に使われるようになります。だから、いつのまにか全身の筋肉をバランスよく使えるようになるのです。

1日たった5分で ラクラクできる

一般的な筋トレは、普段使いすぎている筋肉にさらに負荷をかけがちなので、気になる部分がますます太くなりやすい。体幹リセットエクササイズなら、そういった心配は一切ない。ちなみに体幹の筋肉を意識してエクササイズをしようとしても、意識できない人がほとんど。このエクササイズは、使う筋肉を意識しなくても自然と使えるので、安心して取り組める

BASIC RULE

やりすぎ厳禁！ 体幹リセットの基本ルール

このダイエットは、うれしいことにやりすぎはＮＧ。１から５まで順番通りに、１種類１分で計５分間行うのがベストです。これを１セットとし、多くても１日２セットまで。**最初の２週間だけ毎日、その後は週に３回でＯＫです。**筋肉は同じ動きに慣れると変化しなくなる性質があるので、休みを挟むことで刺激をキープします。

２か月間続ければモデル体幹が完成するので、やめても差し支えありません。「元に戻りそう」と思うかもしれませんが、心配ご無用。一度身につけた自転車の乗り方はブランクがあってもそう簡単には忘れませんよね。それと同じで、筋肉の使い方も体が覚えてくれます。**体幹リセットダイエットは筋肉を鍛えるというより、筋肉の正しい使い方を身につけるエクササイズなのです。**

週３回に減らしてからは、気が向いたときにＰ82からのお悩み解消エクササイズを加えると、さらに効果は上がります。

基本ルール

1

1種目でも体は変わるが
1から5まで
順に行うと最大の効果が！

2

どんなにやせたくても
1日に2セットまで！

3

3週目からは
週3回に減らしてOK！

基本的にエクササイズはいつ行ってもいいですが、朝に行うと日中の消費エネルギーがガンガン増え、夜に行うと日中に体についたよくないクセがリセットできるという特徴が。道具も一切不要で、たった5分で終わるので、今日からやりやすい時間に始めてください。

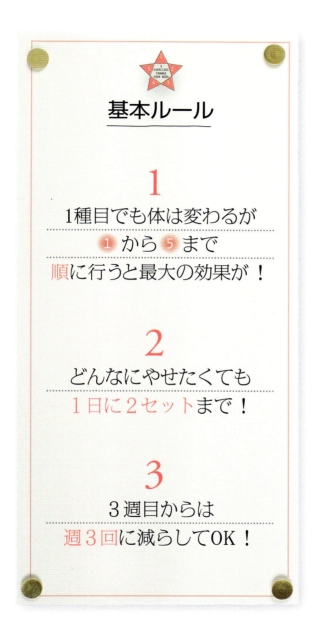

1

5 EXERCISES CHANGE YOUR BODY

EXERCISE

1

下半身をスリムにする

モデル体幹筋をつくるベースとなるエクササイズで、
肩甲骨下部や「吸《きゅう》気《き》筋《きん》」のほか、ヒップ上部、内もも、
骨盤まわりという、全身の筋肉の中でも
多くの女性が使えていない部分を一気に刺激します。
ヒップ上部や内ももの動きが
ヒップアップや太ももやせにもつながります。

standby

うつぶせになり、
両手を頭の後ろに当てる。
あごは引いておく

1.

上半身と脚を軽く浮かせ
背中を反らせる

NG

ひざが曲がる

太ももが上がらず、
太もも裏側の筋肉
を刺激できない

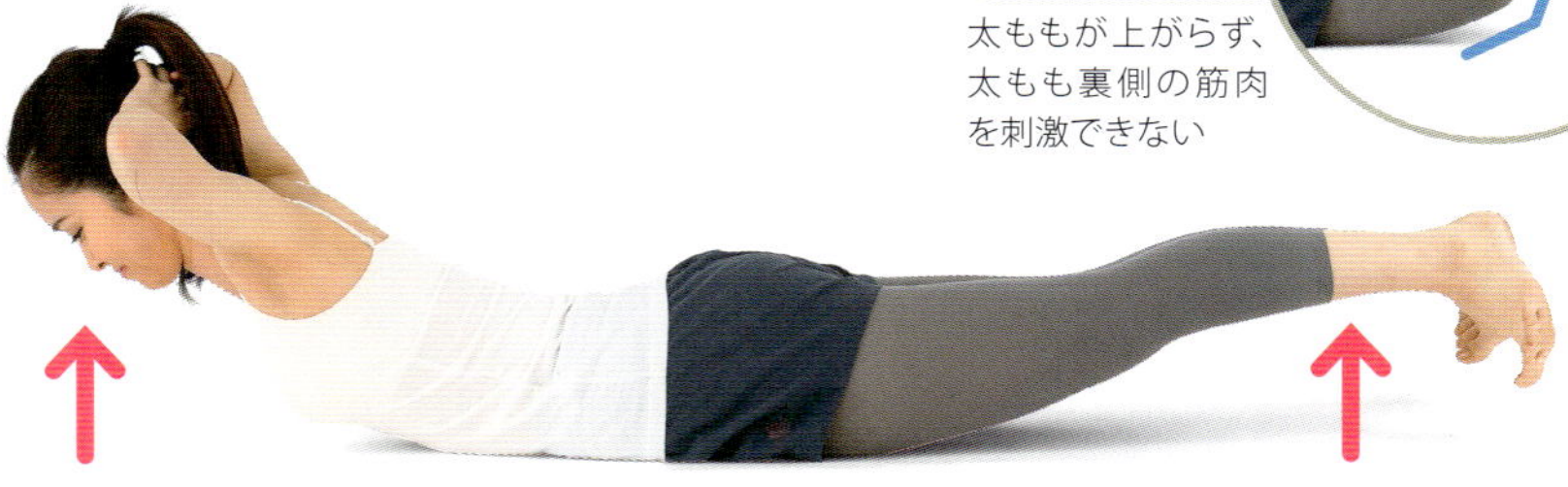

EXERCISE 2 へ

2. 脚を閉じるように10秒間押し合う

POINT

脚を浮かせたまま、足首の内側をギュッと押し合う

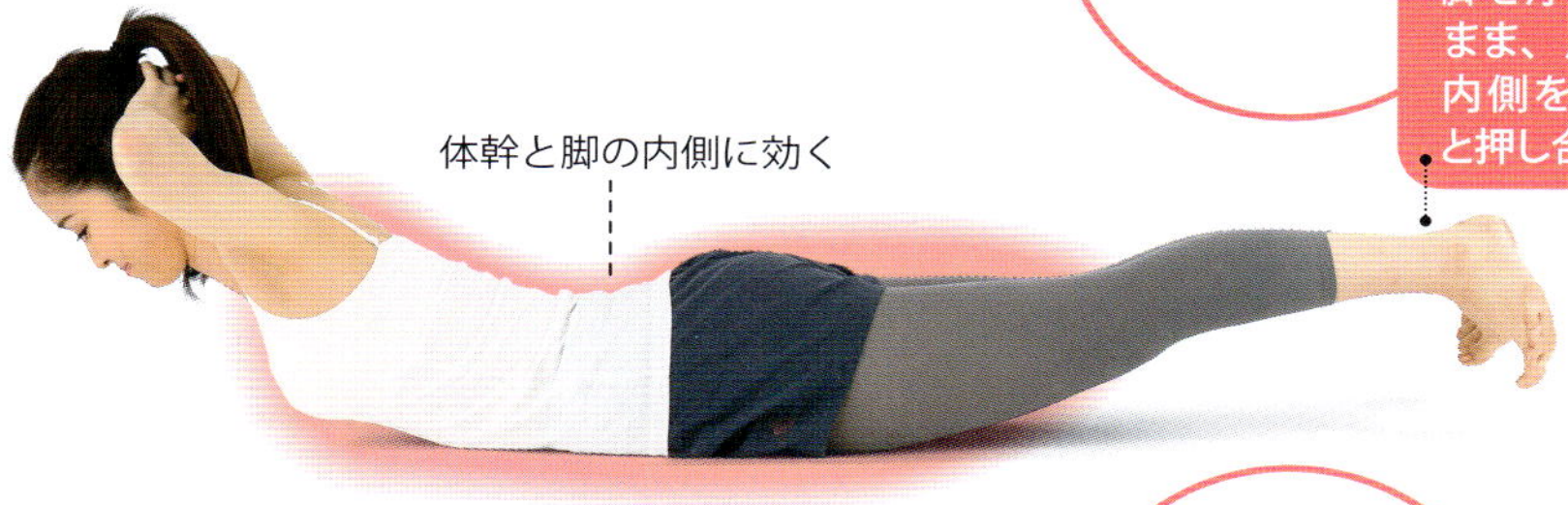

3. 脚をクロスさせ開くように10秒間押し合う

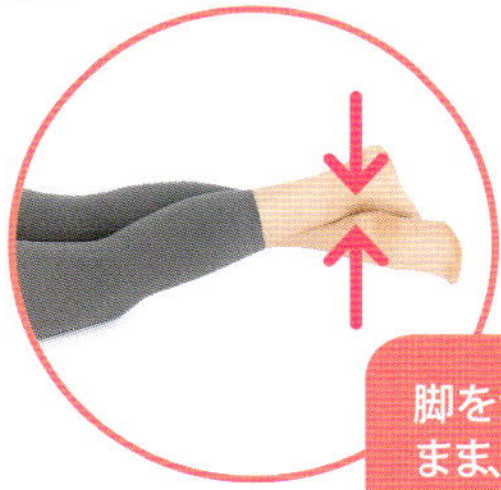

POINT

脚を浮かせたまま今度は外側を押し合う

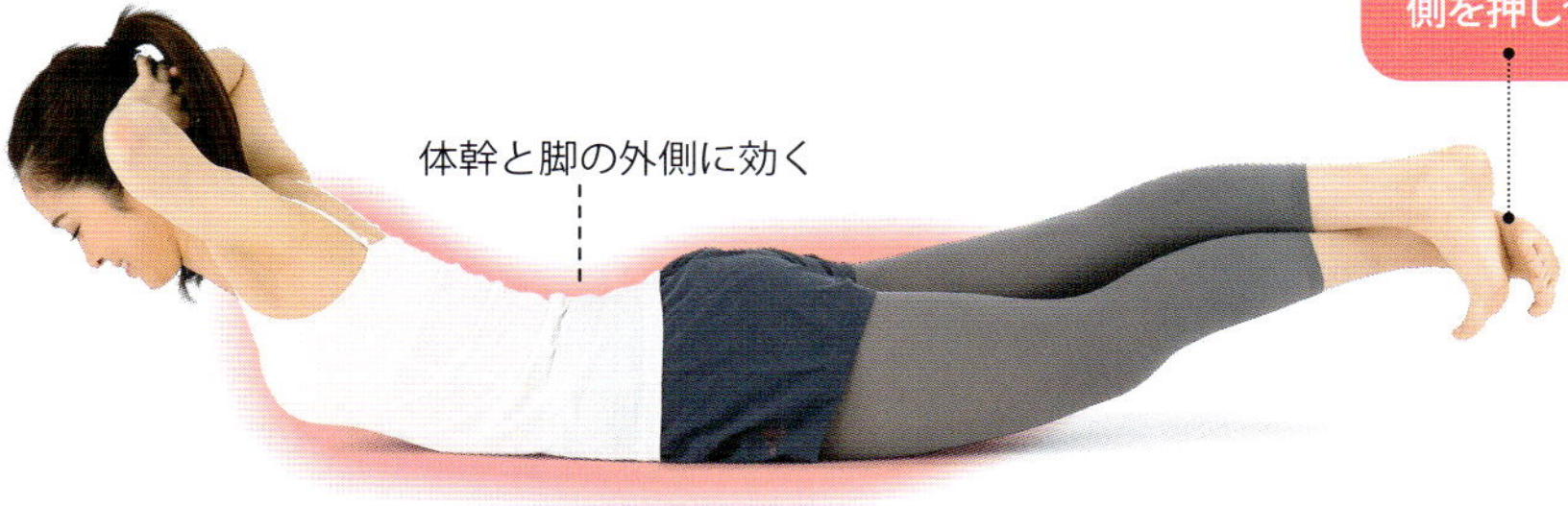

4. 2.～3.を3回くり返す

EASY

うまくできない人や痛みが生じた人は、上半身を床につけたまま行おう

NG　上半身を高く上げすぎる

脚の動きが小さくなり効果減少

EXERCISE

2

ヒップをキュッと上げる

ひざを左右に開いて「ガニ股」になり脚を上下させることで、
普段は使えていないヒップの上部と横の筋肉を刺激。
ヒップが引き締まってキュッと上がります。
日本人女性に多い股関節のねじれも整うので、
下半身の悩みにも効果的。
太ももの張りやセルライト、O 脚への効果も期待できます。

standby

うつぶせになる

1.

足首を組み
ひざは大きく開く

EXERCISE 3 へ

2.

6秒キープ
10回くり返す

太ももを
床から浮かせる

上体は脱力させたまま、脚を持ち上げる。
上げすぎると腰に負担がかかりやすい

EXERCISE 3

くびれをくっきりさせる

**意識したいのは背中に2つある大きな骨、肩甲骨。
日常生活で「肩甲骨を下げる」動きはほとんどありませんが、
これができるといつでも体幹を使えるようになります。
姿勢が崩れがちな歩行時の
消費エネルギーアップにも効果的です。**

1.

ベッドなどに腰かけ ヒップの横に手をつく

脚は肩幅に開く

ベッドやイスの縁をつかむと
肩を固定しやすい

EXERCISE 4 へ

2.

ヒップの片側を浮かせる

左右の肩を動かさずヒップの片側だけを浮かせる。同時に脚を持ち上げるとやりやすい

右3秒キープ
10回くり返す
▼
左3秒キープ
10回くり返す

肩が動く。体が左右に傾く

肩が上下すると肩甲骨下部を刺激できない

上半身が前に傾く

上半身が傾くとヒップを刺激できない

床で行うとき

背すじが丸まらないように

5 EXERCISES CHANGE YOUR BODY

EXERCISE 4

体幹をキュッと引き締める

多くの女性は、息を吸うときに使う「吸気筋《きゅうききん》」が衰えています。これが猫背を呼び骨盤を後傾させるので、このエクササイズで吸気筋をよく動かしましょう。腹直筋《ふくちょくきん》・腹斜筋《ふくしゃきん》・腹横筋《ふくおうきん》というお腹の筋肉も働くようになるので体幹が引き締まり、ウエストもほっそりしてきます。

1.

ベッドなどに腰かけ
両ひじをつかむ

ひじをつかみ、
ひじをひざに
つけるようにして
ベッドやイスに座る

EXERCISE 5 へ

2.

そのまま腕を上げ、頭を通す

6秒キープ

10回くり返す

床で行うとき

ひざの真上にひじがくるまで、体を前に傾ける

あぐらをかいて行ってもよい

EXERCISE

5

全身のバランスが整う

エクササイズ 1 ～ 4 で刺激した「モデル体幹筋」が
つねにきちんと動くようにするには、
筋肉どうしが連動するよう、なじませることが必要です。
最後に、この連動をさせましょう。
日常生活でのエネルギー消費量がグッと上がります。

1.

全身を丸めながら
しゃがみこむ

かかとは床から
浮かないように

POINT

手は足の少し
前につくよう
にする

2.

全身を一気に伸ばす

10回
くり返す

EASY

足幅を広くすると動きやすい

刺激するとこうなる

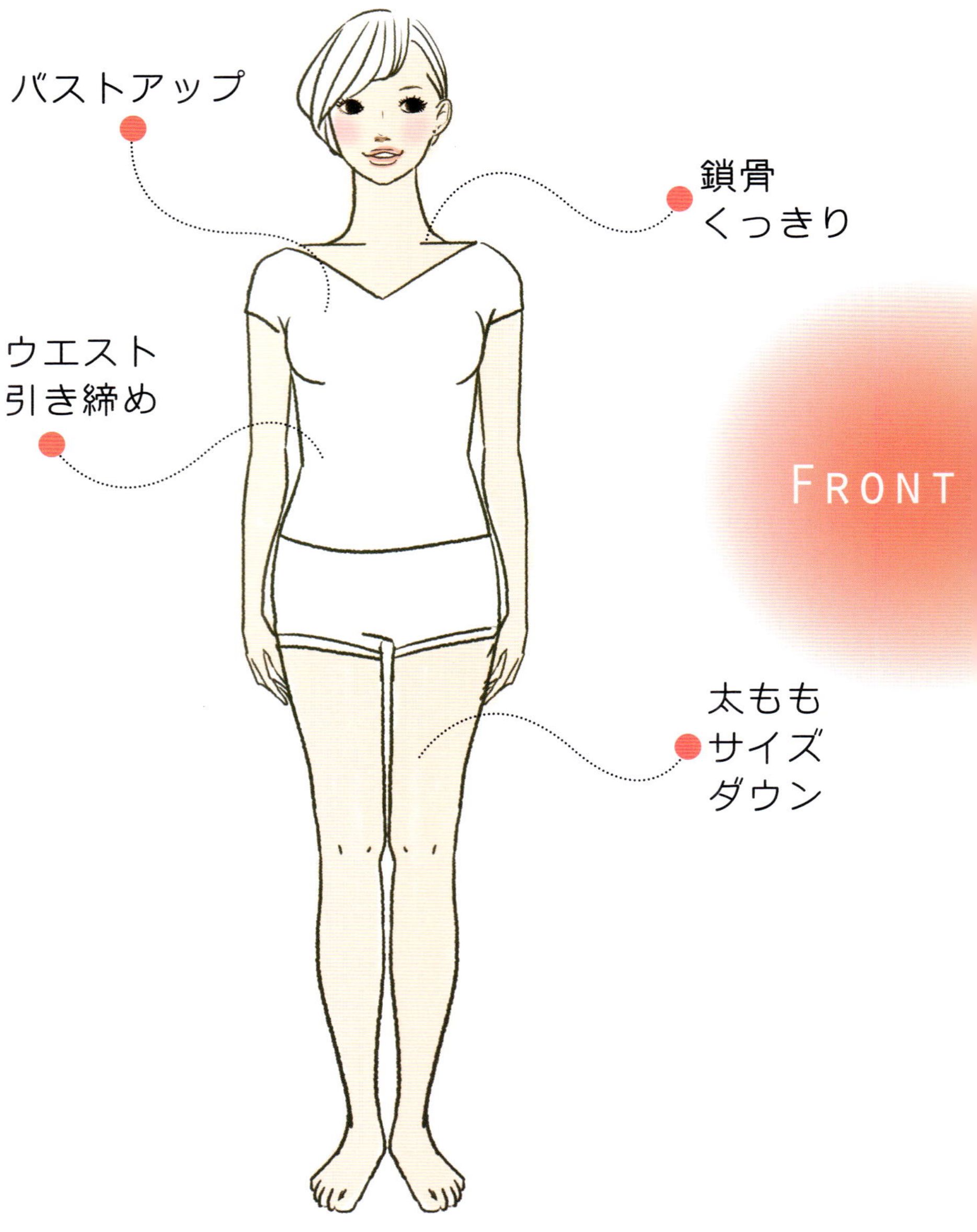

モデル体幹筋を

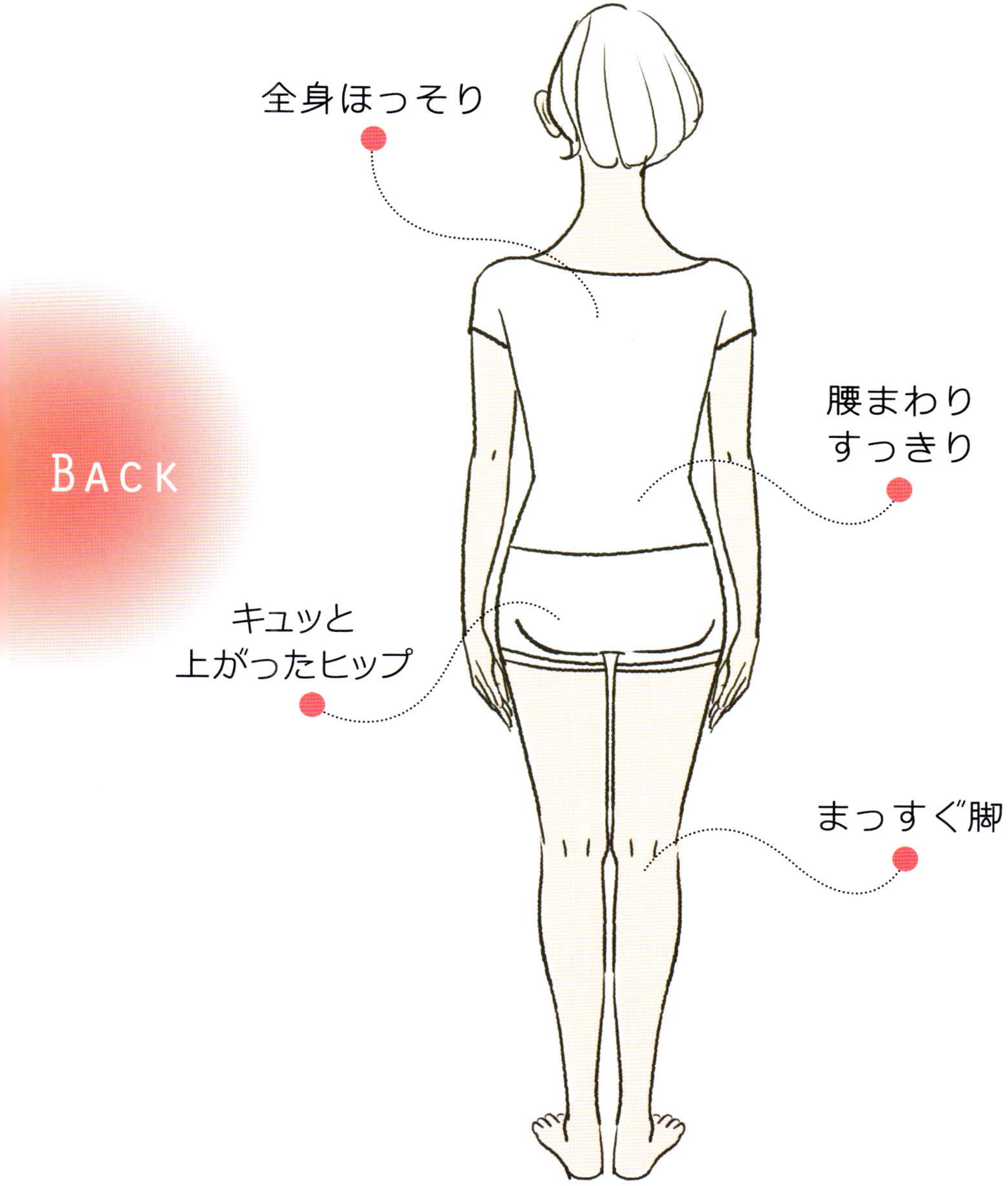
全身ほっそり
腰まわり
すっきり
BACK
キュッと
上がったヒップ
まっすぐ脚

COLUMN

ダイエットの誤解…②

大ブームになった体幹トレーニングは ダイエットには不向き

スポーツ選手が行う体幹トレーニングがダイエット法としても一大ブームになりました。スポーツでの体幹トレーニングの目的は、競技の質を高めること。サッカーなら相手にぶつかられても倒れない力、陸上競技なら体のバネを使ってジャンプしたり走ったりするときに体がブレないようにする力を養います。じつは、どちらも極めて省エネの運動です。なぜなら体幹にエネルギーを使ってバテていては、肝心の競技に差し障りが生じるから。つまり、スポーツ選手の体幹トレーニングは、エネルギー消費が少ないうえにエネルギーを節約する体をつくることが目的ですから、ダイエットには不向きなのです。

エネルギーを消費するには、物の重さ（体重）×移動距離が必要です。モデル体幹筋を使うと、肋骨が上がって体の重心は引き上がります。すると体幹は不安定になって、立っているときも歩いているときもバランスをとろうとします。この余分な動きがエネルギーをどんどん消費してくれるのです。

モデルだけが知っている

chapter 3

一生太らないための食事のコツ

FIRST SECRET

モデルに伝授しているやせる食事3つのコツ

① 毎食、良質のたんぱく質をとる

消費エネルギーを稼いでくれる筋肉の量を減らさず、むしろ増やして基礎代謝を上げるためには、たんぱく質を毎食とることが必要です。

まず、1日に必要なたんぱく質の量は体重1kgにつき1.5gと覚えてください。 体重50kgの人なら、たんぱく質75gをとる必要があります。1日3食なら、1食につき25g必要なので、卵や肉、魚介類などの良質なたんぱく源を毎食100g程度とりましょう。これは、**いくら良質なたんぱく源でも、総量の4分の1以下しかたんぱく質を含まない**からです。ソーセージやハム、生ハム、ハンバーグ、かまぼこなどの加工食品は、血糖値が急上昇する糖質がつなぎに含まれるため、避けましょう。

おすすめのたんぱく源
もったいないたんぱく源

豆腐などの大豆類は、たんぱく源としてはおすすめしません。牛肉のモモ１５０ｇはたんぱく質を30ｇとれるのに対し、豆腐１パック１５０ｇからとれるたんぱく質は８ｇです。さらに動物性たんぱく質の消化吸収率は９割以上に対し、植物性たんぱく質の消化吸収率は４割以下のため、豆腐１パックあたり、たんぱく質は３ｇ程度しかとれないのです。

② 朝食は朝起きて30分以内に必ずとる

まず朝食は、朝起きて30分以内に必ずとってください。**体を思いきり太らせる最高の方法は、朝食をとらないことだからです。**いちばん太っている集団と言えば相撲取りですが、彼らは朝、稽古をして昼から食事を始めます。野菜たっぷりのちゃんこ鍋は、栄養バランスがとれたヘルシーメニューのはずなのに、どんどん太っていくのは、朝食を抜いているからです。

朝食抜きだと太る理由を、ご説明しましょう。朝起きたとき、体には前日に食事で摂取したぶんのエネルギーは残っていないため、筋肉をエネルギーとして使う「糖新生《とうしんせい》」が始まります。これは朝食を抜くと、筋肉が分解されて筋肉量は落ち、基礎代謝が下がるということ。

しかも昼ごろまで何も食べないでいると、血糖値はどん底まで下がってしまいます。その間血液に糖を供給する炭水化物がまったく体に入ってこないからです。そのぶん、次に食事をしたときに血糖値が一気に上がることになります。

朝食を抜くと太るホルモンが大量分泌

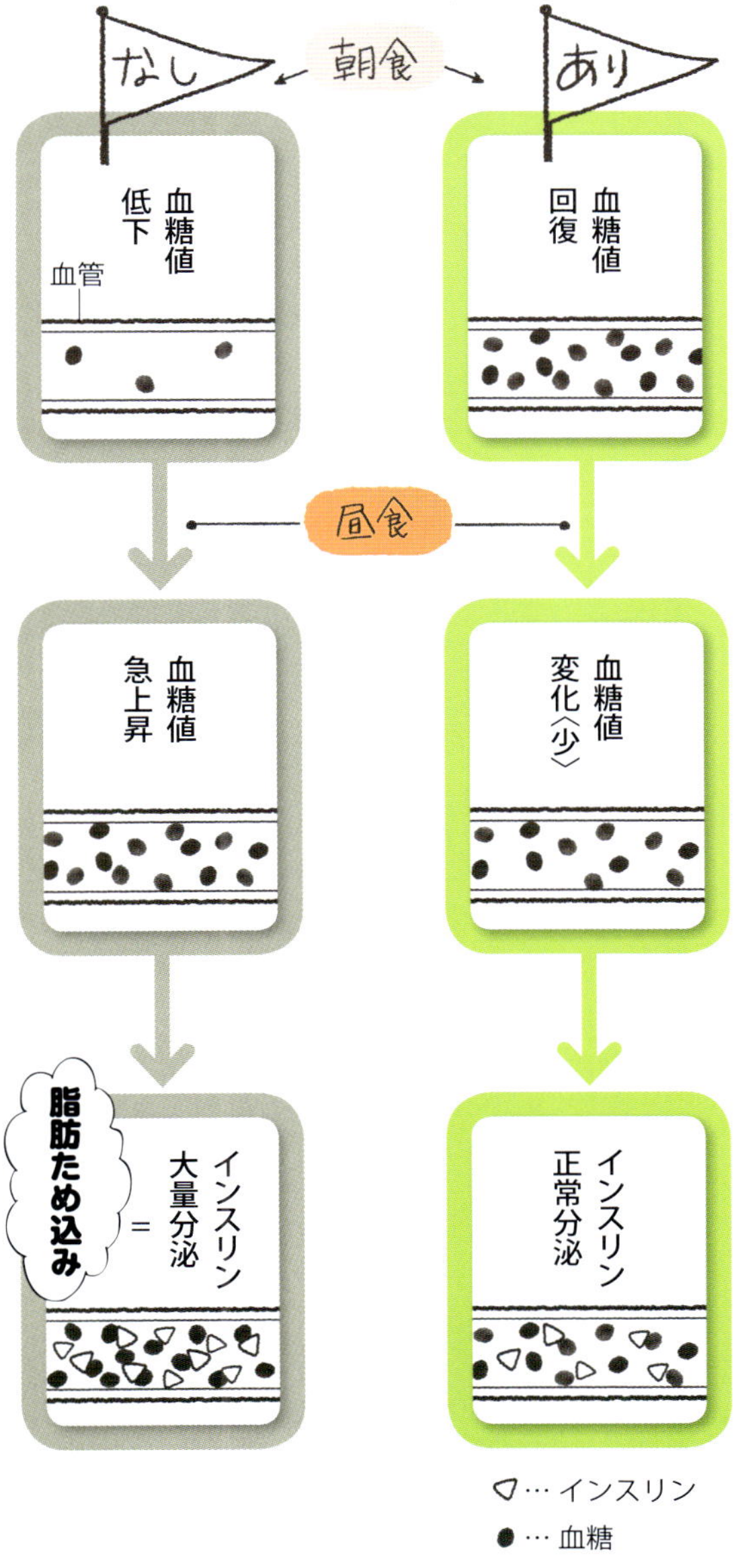

すると体に脂肪をため込むホルモン「インスリン」が過剰に分泌されて、脂肪をガンガンため込むことに。**血糖値の乱高下は、いったん始まると1日中続くのも恐ろしい特徴です。**血糖値の乱高下を防ぎ脂肪をため込まないためにも、朝起きて30分以内に朝食をとることは不可欠なのです。

❸ 食事は1日3回以上に分割!

食事は1日3回以上、必ずとりましょう。**いまの1日の総食事量を分割して食事の回数を増やすのがおすすめです**。

「ダイエットなのに、そんなに食べていいの?」と思う人もいるかもしれませんね。じつは消費エネルギーの7割を占める基礎代謝の約半分は、なんと内臓が食べ物を消化吸収するのに使われています。つまり**食事をとらないと基礎代謝はグッと下がり、食べる回数を増やすと上げられるのです**。

ちなみに消化吸収にかかる時間は、たんぱく質が3〜6時間、食物繊維が3時間、炭水化物(糖質)は20分〜2時間です。つまりたんぱく質や食物繊維をたっぷりとったほうが、内臓が消化吸収をし続けるぶん消費エネルギー量は上がるというわけです。

基本は、朝から昼に炭水化物をとって、17時以降は避けます。昼から夜は食物繊維をたっぷりとるように。ダイエット中は、揚げ物やデザートのほか、丼物やパスタ、カレー、チャーハン、ラーメンなどの単品で完結するメニューは糖質過多になるため避けてください。

　脂肪を分解するホルモンをきちんとつくるためには、良質な脂質も欠かせません。女性なら、1日大さじ1～2杯程度のオリーブオイルをとると、脂肪を燃やしやすい体になります。

一般的な女性向けの食事プラン

朝

卵1個とシーフードミックス100g（1/2カップ）、
オリーブオイル大さじ1杯でつくったオムレツを
ライ麦パンではさんだサンドイッチ

昼

【お弁当の場合】朝食の7割
【コンビニの場合】ツナの手巻き、サラダ、
ゆで卵かサラダチキン
【外食の場合】定食屋かファミレスで、玄米70g（茶碗半分より少なめ）、主菜、副菜、みそ汁などの和定食

夜

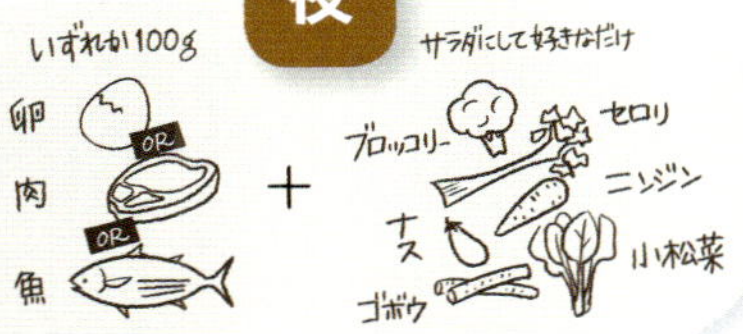

卵か肉か魚をいずれか100g
ブロッコリー、セロリ、ゴボウなど噛み応えのある野菜や、
小松菜、ナス、ニンジンなどの色鮮やかな野菜を
サラダなどで好きなだけとる

小食あるいは1日1食の女性の食事プラン

グラノーラ80g（茶碗半分より少なめ）、玄米100g（1/2膳）、ライ麦パン1cm幅2枚から選択

ノンオイルツナ缶＋卵白2つ、サバ缶、鮭の切り身から選択

グレープフルーツ、キウイ、イチゴ、みかんから2つ選択

ブロッコリー、セロリなど噛み応えのある野菜サラダを多めに

サバ缶、鮭の切り身、豚肉か牛肉のヒレかモモ100gから選択

ブロッコリー、セロリなど噛み応えのある野菜サラダを多めに

魚、タコやイカなどの魚介類50gから選択

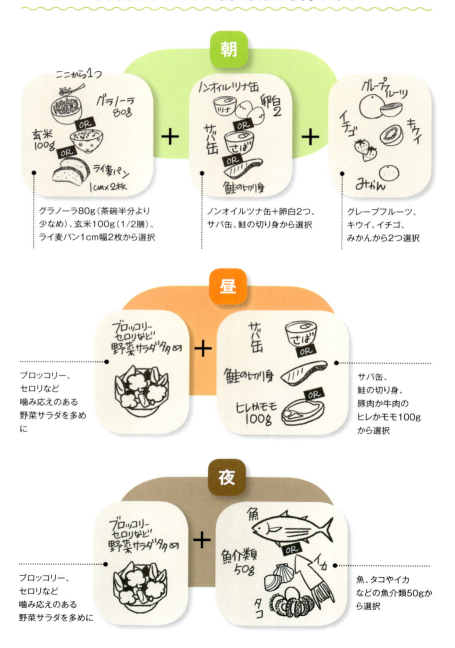

ABOUT MEALTIME

生活が不規則でもやせられる！

「時間が不規則な仕事だから昼夜が逆転しがちで、ベストな食事のタイミングがわからない」「早く結果を出すためにやせやすいタイミングで食べたい」など、食事のタイミングにお悩みの方はかなり多いようです。

この場合、**最初に夕食の時間を決めてもらいます。**就寝時間の4時間前までに夕食を終えたいので、2時に眠る人なら22時までに夕食を。朝食は前述したように起きてから30分以内にとればOKです。昼食はできれば朝食と夕食のちょうど中間のタイミングでとるのがおすすめ。間隔を空けすぎると血糖値が乱高下して、脂肪をガンガンため込みやすくなるからです。食事の間隔をむやみに空けないという意味でも、1日3回以上の食事は必須なのです。

もし小腹が空いたときは、少量のチーズをとりましょう。チーズには脂質と塩分が含まれるので、少量で満足感が持続します。しかも、たんぱく質と脂質が豊富なので消化吸収にも時間がかかり、消費エネルギーも上がるのです。

どうしても間食をとりたいときは……

どうしても甘いものがほしいときってありますよね。ガマンばかりしていると、ダイエットは成功しません。そんなときは血糖値の上昇がゆるやかな低GI値機能性食品のプロテインバーなどを選びましょう。たんぱく質とひかえめの炭水化物（糖質）に加え脂質もとれる、複合炭水化物です。複合炭水化物は糖のほかに食物繊維などの栄養素がたくさん連結してできているため、消化に時間がかかります。

逆に、まんじゅうやケーキなどは20分ほどで消化されるたっぷりの砂糖が血糖値をドンと上げるので、避けましょう。

食べるときは、半分に割り14時と15時の2回に分けるのがおすすめ。消化吸収に1時間かかるとすると、2回に分けると内臓が2時間働くため消費エネルギーは倍になります。こうした間食のとり方をすると、血糖値が急激に上がったり下がったりせず、ゆるやかに変化するので、脂肪になりにくいのです。

ABOUT DRINK

水分はたっぷり、アルコールは避ける

体の水分量を減らさないことが、筋肉量、ひいては基礎代謝を低下させないための必須条件です。1日にとりたい水分量の目安は、体重1kgにつき水分50mℓ。体重50kgなら、2.5ℓを水やお茶、コーヒー、紅茶などでとるといいでしょう。

同じ水分でも、お酒は厳禁です。**お酒を飲むと、脂肪を分解する肝臓の働きがストップします**。グラス1杯で4時間、2杯以上なら8時間も脂肪の代謝が止まり、脂肪が燃えなくなってしまうのです。どうしてもやめられない人は、週2日は好きなだけ飲んで構いません。毎日少しずつ飲むよりも、飲む日と飲まない日を決めたほうがトータルでは脂肪代謝量を増やせます。そして飲んだ翌朝は柑橘《かんきつ》類やイチゴなどのフルーツをとりましょう。**フルーツにはアルコール分解に必要な糖と水分がたっぷり含まれているうえ、酵素がアルコール分解を手助けします。**

COLUMN

ダイエットの誤解…③

断食は
百害あって一利なし！

一時期、非常に流行ったファスティング（断食）ダイエットですが正直、まったくおすすめしません。百害あって一利なしと考えていいくらいです。酵素ジュースなどで数日間過ごして体重が一時的に減ったとしても、体から水分が抜けただけ。やめると、すぐに体重は元通りになります。

しかも、体重が元に戻るだけならまだしも、体から水分が減っているので、筋肉量はドーンと落ちてしまい、基礎代謝や消費エネルギーは減る一方です。速攻でリバウンドするので、何度もくり返すことになるのも怖いところ。

さらに、断食すると内臓の消化吸収活動が一切なくなるため、基礎代謝や消費エネルギーが輪をかけて落ち込みます。筋肉量が落ちて基礎代謝も低下すると、脂肪をガンガンため込んで、しかもやせにくい体になってしまうのです。

「こんなときどうする？」

chapter 4

お悩み解消エクササイズ

ESSENTIAL TO SUCCESS

失敗しないダイエット計画の立て方

ダイエットに失敗し続けた人に話を聞くと、高すぎる目標に現実が追いつかず挫折《ざせつ》するケースが多いようです。せっかくがんばったのにムダになるのは悲しいですから、ここでは継続しやすくリバウンドもしない、ベストなプランをご紹介します。

体幹リセットダイエットで体形が変わり体重が落ちるペースはまちまちです。**「いつまでに〇kg落としたい」という目標を立てる場合は、ひと月に落とす体重は元の体重の5％程度にしてください。それ以上のペースだと筋肉が減ることになるからです。**体重60kgの人なら、ひと月に3kg減。

体重60kgの人が6kg落としたいなら、2か月間で月に3kgずつ落とすのではなく、前半の1か月は多めに4kg、後半の1か月は少なめの2kg減らすように計画することをおすすめします。一般的に後半になればなるほどやせにくいので、前半のウェイトを高めたほうが無理なく達成できるのです。

このとき運動と食事を合わせて、１日に５００kcal程度のマイナスをつくれると、無理なくきれいにやせられます。お菓子やデザートを少し控えることから始めるのがベストです。たとえばプリン１個を食べなければ、３００kcal程度は減らせます。そうすると残りの２００kcalは、体幹リセットエクササイズで基礎代謝を上げれば消費できるはずです。

目標を元にした計画を実践する前に、まず考えておいてほしいことがあります。それは、やせて何がしたいのか、どんな生活を送りたいか。じつは、これがダイエット成功の絶対条件です。ただ「３kgやせたい」では、達成したら安心して食べまくり、ダイエット前より太るということにもなりかねません。３kgやせたいのはなぜか、３kgやせていたときは何があったのかを考えていくと、「友達がたくさんいて毎日が充実していた」「24インチのパンツがはけた」などが具体的に思い浮かぶはず。**ぜひ「やせて何がしたいのか」を考えてからダイエットに挑戦してください。**

「停滞期」「リバウンド」の乗り越え方

ダイエット中なのに歯止めがきかずドカ食い。ついやりがちですが、そこであきらめるのはもったいない。そのあとの1週間で、なかったことにする方法をご紹介しましょう。たとえばバイキングで2000kcalオーバーしたら、1日の食事から約300kcal削る工夫を7日間だけ続けるのです。

絶対にやってはいけないのは、運動だけでなんとかしようとすること。がんばって週末にヨガを8時間やっても400kcal程度、土日で5kmずつ走っても500kcal程度しか消費できません。食べたぶんを運動だけで消費できるのは、よほどの運動好きと思ってください。

食事制限や運動をがんばって続けていても体重が落ちなくなるのが停滞期です。1日の消費エネルギーと摂取エネルギーがつり合った状態とも言えます。**あせって食事量を減らすと、今度はドカ食いやリバウンドを招くことになるので、量ではなく内容を変えるといいでしょう**。たとえば、いつも食べていた青リンゴを赤リンゴにしたり、アメリカ産の牛肉をオーストラリア産の牛肉にするなど、品種や産地を変えるのです。すると、とる栄養素が少し変わるので、その刺激によってやせやすくなります。

食事制限をしていた状態から普段の食事に戻してリバウンドした場合は、**1日の食事量を8分割**しましょう。内臓で消化吸収する頻度が増えて基礎代謝がアップし、消費エネルギーは上がるからです。

ダイエットをやめるという選択肢

食事制限をやめてリバウンドしたら、ダイエットを半年ほどやめるとやせやすくなる。食べすぎでもなく普段の食事量で太るのは、基礎代謝が落ちて脂肪ため込みモードになっている証拠。半年ほど何もせずにいるとモードが解除され、基礎代謝や血液の濃さ、消化吸収機能が回復するため、やせやすい状態に戻るのだ。

負のサイクルを断ち切る お悩み解消エクササイズ

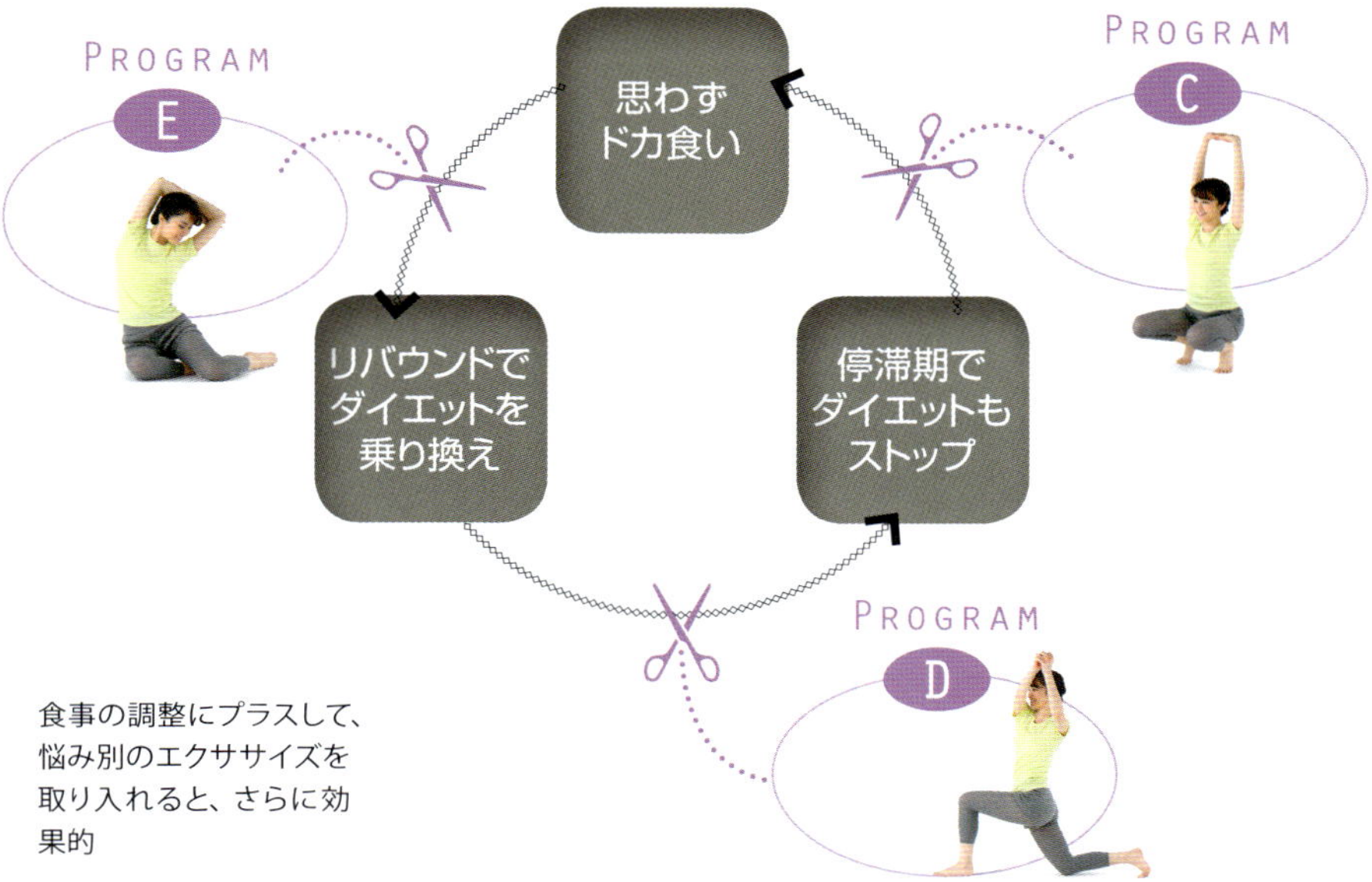

食事の調整にプラスして、悩み別のエクササイズを取り入れると、さらに効果的

忙しい日は「ながらやせ」
イスに座ったままエクササイズ

デスクワーク中や、車や電車での移動中、食事中など、日常生活で座っている時間は思いのほか長いもの。座っているときにいちばんゆるみがちなのが、お腹です。このエクササイズは、ゆるみがちなお腹のほか背中や肋骨、肩甲骨まわりの筋肉までを座ったまま、まとめて使えます。だから消費エネルギーがグンとアップするのです。ふと気づいたときに取り入れて、基礎代謝の高い燃焼ボディをつくっていきましょう！

1.
イスに座る

上体が前傾する

体が前に傾いたり、
背中が丸まったりすると
お腹をしっかりへこませられない

2.

息を吸って
お腹をへこませ
3 秒間キープ

3秒キープ

20回くり返す

（基本 60 秒）

疲れた日の「ながらやせ」
寝たままエクササイズ

多くの人は手足の力ばかり使って活動していますが、寝返りをうつときだけは、腕や脚の筋肉は使わず体幹の筋肉を使います。このエクササイズは寝返り同様、腕や脚の筋肉を使わず、モデル体幹筋が自然にしっかり使われるようになるため、日々の消費エネルギーが一気に高まります。寝転んだ姿勢で無理なく行えるので、疲れて余力がないときにもぴったりです。

standby

あお向けになり
両腕を横に伸ばす

1.

体幹をねじり片方の腕を反対側に持ち上げる

NG

脚の力を使う

脚の力は使わずに動く

2.

お腹をねじるようにしてうつぶせになる

3.

standbyの姿勢に戻る

1.～3.を
10～15回
くり返す

片方だけでOK

やせにくくなったときの特別エクササイズ

エクササイズを続けていても、体重が落ちにくくなるタイミングはよくあります。この停滞期を打開する秘策は、日常生活でしない動作をすること。これまで使えていなかった筋肉を動かして、体に新しい刺激を入れましょう。ちょっと不思議に思えるような動作が効果的です。不自然な動きで体にスイッチが入り、全身の筋肉が活発に働くようになります。「なんだかやせなくなってきた……」と感じたら、ぜひ試してみてください。

1.

全身で大きく伸びをする

つま先立ちになり、
指を組んで
大きく伸びる

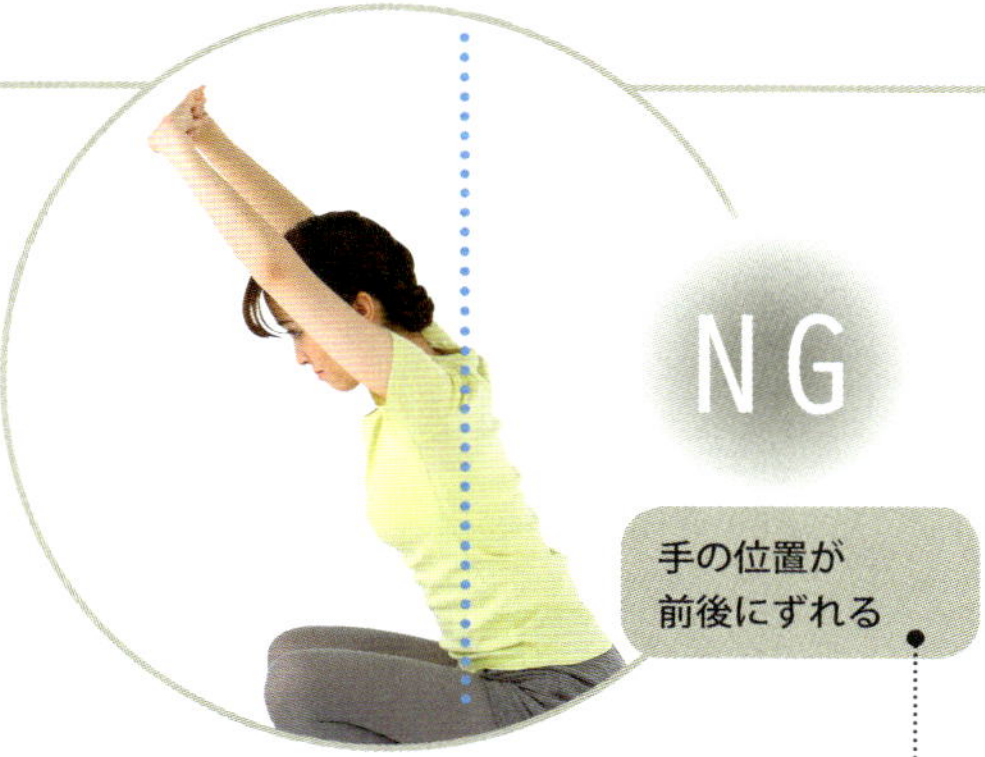
NG
手の位置が
前後にずれる

2.

腕を伸ばしたまま
しゃがみ込む

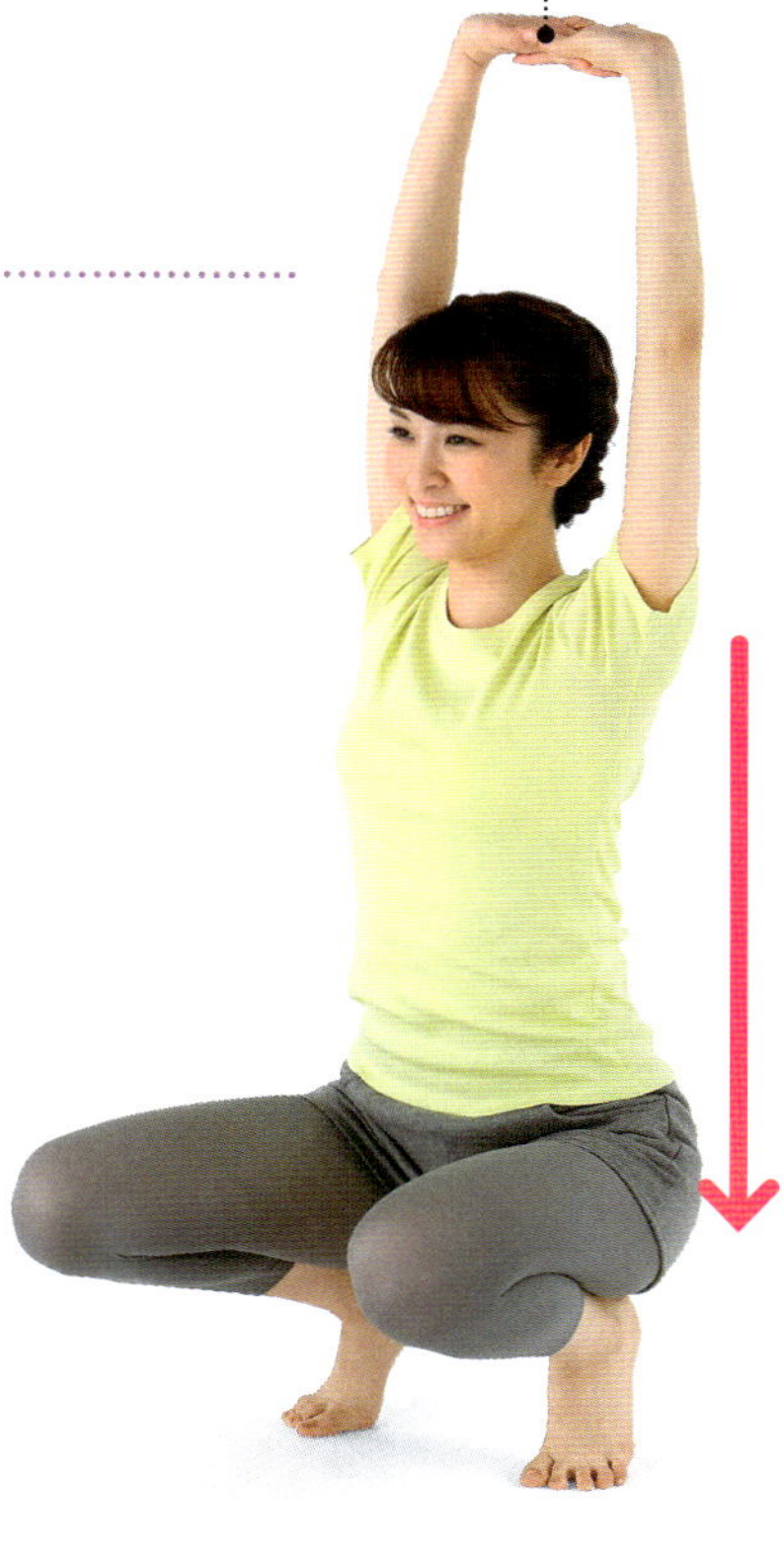

15~20回
くり返す

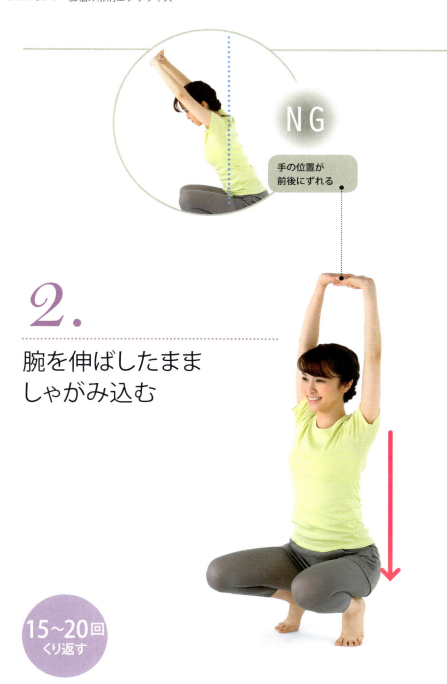

リバウンド時期
打開エクササイズ

せっかく体重が落ちても、ダイエットをやめたとたん元通りに、あるいはさらに太ってしまうのがリバウンド。リバウンドしたときは普段よく使う筋肉も衰えているので、日常生活での消費エネルギーが減り、太りやすくやせにくい体になっています。このエクササイズは、衰えた筋肉も、これまで使えていなかった筋肉も一気に使えるようにして基礎代謝を上げる効果が。さらに衰えた筋肉も復活させられるので、脂肪燃焼効率が高まります。

1.

指を組んで腕を前に伸ばし
脚を前後に開く

2.

指を組んだまま
上体をひねる

NG

上体がブレる

体幹部分が前後左右
にブレやすいので注意

3.

上体を逆にひねり
腕をななめ上に
振り上げる

4.

反対側も同様に

20回
くり返す

食べすぎてしまった日のリセットエクササイズ

食べすぎると血糖値がドーンと上がり、脂肪を増やす働きのあるホルモンがバンバン分泌されます。これは食べた60分後に始まってしばらく分泌され続けるもの。でもホルモンには「先に出たもの勝ち」の特性があるので、先に成長ホルモンを出せば脂肪を増やすホルモンの分泌を食い止められるのです。食後1時間以内に、普段はまったく使っていない部分のエクササイズをして成長ホルモンの分泌を促進し、脂肪ため込みに「待った」をかけましょう。

1.

正座からお尻を右側にずらして座る

手で反対側のひじをつかむ

NG
上半身が
前後に倒れる

体が前後に倒れると
わきやわき腹を充分に刺激できない

2.

腕を引っ張るようにして
左真横に上体を倒す

6秒
キープ

5回
くり返す

3.

反対側も同様に

「週末までになんとかする」緊急エクササイズ

デコルテまわりがすっきりしていると、それだけで見た目の印象は大きく変わり、ほっそりして見えるもの。このエクササイズをすると、首すじや鎖骨まわりの筋肉がしっかり伸びます。そうすると首すじや鎖骨、肩のラインがきれいに整うため、見た目の印象がその場で変わるのです。デートやパーティーなど、とっておきの日の前日に取り組んでみてください。

1.

手の甲を下にして両手をイスに置く

イスの前でひざをついて座る。手の甲を下にして腕を伸ばす

NG
順手になる
手のひらが下向きに
ならないように

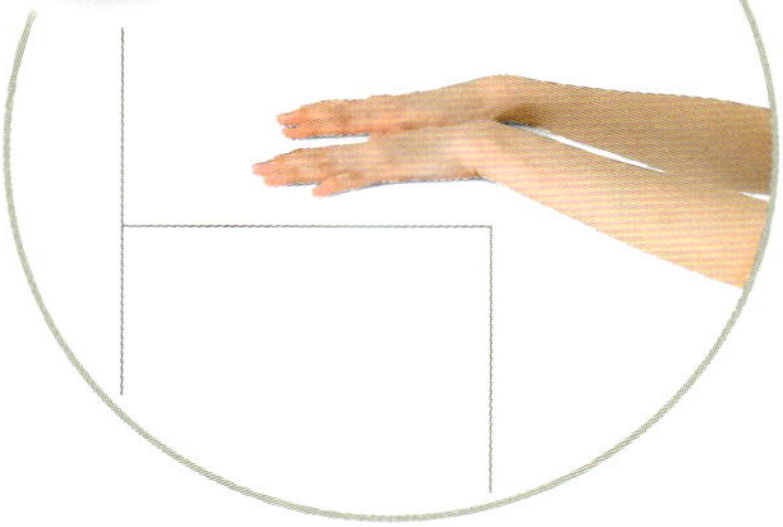

イスが
ないとき

壁に手をついて行う。
このときも手の甲を壁につける

2.

ヒップを後ろに引きながら上体を倒す

10秒

6回
くり返す

頭を両腕のあいだに
通しながら
上体を倒す

やる気に満ちあふれたらプラス1エクササイズ

やる気に満ちあふれているときは、多少キツいエクササイズでも難なくこなせるはず。そんなときは「筋トレ」に挑戦してみましょう。このエクササイズをすると、肩甲骨下部と肋骨下部、ヒップ上部の3か所のモデル体幹筋をしっかり使って全身を鍛えられます。日常生活より、ほんの少しだけ負荷を上げることで、モデル体幹筋を最大限に強化できるのです。

standby

軽くひざを曲げ
タオルを肩幅で持つ